말도 안 돼 세계사

고대 이집트부터 제2차 세계대전까지
이상하게 빠져드는 역사 속 23가지 명장면

말도 안 돼 세계사

지식지상주의 글·그림

북라이프

일러두기

- 맞춤법과 표기는 국립국어원의 표기 원칙을 따랐으나 저자 고유의 글맛을 살리기 위해 다르게 표현한 부분이 있습니다. 본문의 인명, 지명 등 일부 고유명사는 원어 발음을 우선하여 표기했습니다.
- 본문에 사용된 도판 중 대부분은 저작권자의 동의를 얻어 수록했으나 저작권자를 확인하지 못한 일부 도판은 추후 정식 동의 절차를 밟겠습니다.
- 124쪽, 166쪽, 284쪽 일본 역사 일러스트는 사실적 표현을 위해 코코안코cocoanco의 작품을 구매 후 일부 사용했습니다.

말도 안 돼 세계사

1판 1쇄 인쇄   2026년 4월 17일
1판 1쇄 발행   2026년 4월 27일

지은이 | 지식지상주의
발행인 | 홍영태
발행처 | 북라이프
등 록 | 제2011-000096호(2011년 3월 24일)
주 소 | 03991 서울시 마포구 월드컵북로6길 3 이노베이스빌딩 7층
전 화 | (02)338-9449
팩 스 | (02)338-6543
대표메일 | bb@businessbooks.co.kr
홈페이지 | http://www.businessbooks.co.kr
블로그 | http://blog.naver.com/booklife1
페이스북 | thebooklife
인스타그램 | booklife_kr
ISBN 979-11-24002-11-7   03900

그곳에는 오늘을 살아가는
당신과 나의 숨결이 있다.

기록되지 않은 삶이 역사를 만든다

여러분, 혹시 사람을 베어 본 적 있으신가요? 저는 있습니다. 물론 진짜는 아닙니다. 오해하지 마세요. 만약 실제였다면 저는 이 글을 교도소에서 쓰고 있었겠죠.

제가 사람을 벤 날은 일본의 한 지방 도시에서 열린 '전국시대 전투 재현 행사'川中島合戰에 참가했을 때였습니다. 제비뽑기로 역할이 정해지는 순간, 저는 그럴듯한 이야기의 주인공이 될 기회는 이미 사라졌다는 걸 직감했죠. 누군가는 화려한 갑옷을 입은 사무라이가 되고 누군가는 멋진 활을 든 궁수가 되었지만 제가 뽑은 쪽지에는 그저 이름 없는 잡병인 '아시가루'足輕 창병'이라는 문구가 적혀 있었습니다.

조총 소리가 울리고 돌격 신호가 떨어지자 저는 칼을 뽑고 수천 명의 관객이 지켜보는 경기장을 향해 전력으로 달렸습니다. 대략 6~8킬로그램에 달하는 갑옷을 입고 단 30초만 달렸을 뿐인데 폐가 터질 것 같더군요. 전장에 도착했을 때는 이미 숨이 턱끝까지 차올랐고 다리는 말을 듣지 않았습니다. 그 짧은 시간 동안 머릿속은 완전히 하얘졌습니다. 그리고 결국 일이 터졌죠.

행사에서 저 같은 유료 참가자들은 정해진 동선에 따라 움직이면서 연출된 전투에서 한 발치 떨어져 싸우면 되는 역할입니다. 그런데 저는 정신이 나간 채 배우들이 합을 맞추고 있던 전투 한복판에 그대로 뛰어들어 버린 겁니다. 결국 일본 배우들이 연기하는 전투에 난입해 예정에도 없던 '적의 대장'을 베어 버리는 대형 사고를 쳐 버렸습니다. (그 장면은 방송국 카메라에 고스란히 담겼습니다.)

그 순간 저는 깨달았습니다. 역사는 우리가 생각하는 것처럼 위대한 영웅들의 이야기만으로 이루어져 있지 않다는 것을요. 정확히 말하면 그날 제게 남은 것은 '적장을 베었다'라는 해프닝이 아니라 그 뒤에 밀려온 몸의 감각이었습니다.

정신을 차리고 발을 보니 짚신은 이미 갈가리 찢겨 나갔고 물집이 잡힌 발바닥은 미지근한 진흙으로 엉망이 되어 있었습니다. 행사장에서 빌린 칼과 갑옷이 여기저기 구부러지고 망가진 걸 본 순간 '이걸 어떻게 변상하나' 하는 걱정이 먼저 들더군요. (다행히 참가 비용에 포함된 항목이었습니다.) 그때 문득 이런 생각이 들었습니다.

"연출된 행사에서 단 하루 겪은 것만으로도 이 정도 상태인데
실제 전장에 나섰던 병사들의 삶은 대체 어땠을까?"

하루 뛰고 끝나는 것이 아니라 다음 날도 그다음 날도, 다시 짚신을 묶고, 젖은 옷을 걸치고, 무거운 무기를 들고 살아남기 위해 또 뛰어야 했을 겁니다. 영웅담으로 포장하면 멋있어 보이지만 그 안에 들어가 보면 전쟁은 지치고, 젖고, 닳고, 버텨야 하는 노동의 연속이었을지도 모릅니다. 적어도 전장 한복판에서 숨을 몰아쉬던 병사가 느꼈을 감정은 웅장한 대의명분이 아니라 '아… 진짜 살기 더럽게 힘들다'에 더 가까웠을 테지요.

저는 유튜브 채널 〈지식지상주의〉를 운영하며 이런 감각을 어떻게 전달할 수 있을지 계속 고민해 왔습니다. 정보 전달에 그치지 않고 그 시대를 살아간 사람의 시선으로 역사를 풀어내고 싶었습니다. 그래서 가상의 인물을 등장시키고 현대적인 감각을 섞어가며 과거를 조금 더 '지금의 이야기'처럼 보여 주고자 했습니다. 《말도 안 돼 세계사》는 그 시도의 연장선에 있습니다.

책에는 영상에서 담기 어려웠던 맥락과 디테일, 더 깊이 파고들 수 있었던 이야기들을 모아 하나의 흐름으로 엮었습니다. 단순히 사건을 나열하는 데 그치지 않고 그 시대를 살아간 사람들의 숨결과 감정을 따라가려 했습니다. 왕과 장군, 영웅들의 승리 기록이 아니라 그 아래에서 뛰고, 맞고, 버티고, 살아남아야 했던 사람들의 이야기. 교과서 문장 어딘가에 끼어 있지만 잘 보이지 않던, 그러나 분명히 존재했던 삶의 감각을 이 책에 담고자 했습니다.

흔히 역사를 '큰 흐름'으로 이해합니다. 그 흐름은 결국 수많은 개인의 숨, 선택, 고통, 우연이 쌓여 만들어진 것이죠. 이 책에는 바로 그 '숨이 턱 끝까지 차오르던 순간'을 기록했습니다. 조금 더 인간적인 시선으로, 조금 더 가까운 거리에서, 과거를 다시 바라보는 이야기입니다. 책의 마지막

장을 덮을 때 마음속에 위대한 연표가 아니라 이름 없는 누군가의 뜨거운 숨소리가 남기를 바랍니다.

　자, 이제 역사의 행간 속에 숨어 있던 평범한 이들의 하루 속으로 함께 걸어가 보시죠.

지식지상주의

제1장

몸과 정체성
: 인류가 자신을 관리하고 증명해 온 방법

몸과 정체성

: 인류가 자신을 관리하고 증명해 온 방법

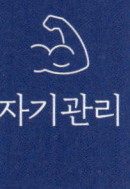
그리스인은 복근에 목숨 건 헬스 보이였다?

: 2,500년 전부터 시작된 몸 관리 연대기

배경 연도

기원전 8세기~기원전 2세기 고대 그리스

왜 그리스에서는 단련된 신체를
시민의 자격처럼 여겼을까요?

—

"3대 몇 치세요?"

요즘 헬스장이나 온라인 커뮤니티, 소셜 미디어에서 심심찮게 들리는 말입니다. 단순히 운동 이야기 같지만 그 의도를 살펴보면 운동을 얼마나 잘하는지가 곧 그 사람의 자기관리 수준을 가늠하는 척도로 받아들여지는 분위기입니다. 심지어 헬스 마니아들 사이에서는 '3대 500도 못 치면 언더아머를 입을 자격이 없다'는 다소 과장된 농담까지 돌고 있죠.

('3대 500'이란 웨이트 트레이닝 3대 종목인 스쿼트, 벤치프레스, 데드리프트 합산 중량이 500킬로그램을 넘는다는 뜻입니다. 이를 인증하지 못하면 언더아머 같은 고가의 스포츠 웨어를 입을 자격이 없다는 의미에서 나온 표현이죠.)

체형 개선이나 건강 관리 목적으로 운동하는 현대인들이 늘면서 점차 근육과 운동 수행 능력 자체를 자기관리의 지표이자 '가치'로 여기는 분위기도 강해졌습니다. 그런데 신체 관리에 '가치'를 부여하는 분위기는 꽤 오래전부터 존재했습니다. 지금으로부터 2,500년 전 고대 그리스에서는 신체를 단련하지 않는 사람은 시민 자격조차 없다고 여겨질 정도로 사회적 자격과 직결되기도 했으니까요.

이처럼 인간 사회는 오랜 시간 신체 능력을 기준으로 개인의 가치를 판단해 왔습니다. 역사적 흐름에서 본다면 오늘날의 '3대 몇' 문화는 오히려 상당히 점잖은 편인지도 모릅니다.

근육이 교양이던 시대

고대 그리스에서 유행한 사상 중 하나인 '칼로카가티아'kalokagathia는 인간을 어떻게 평가하고 어떤 존재로 길러야 하는가에 대한 사고방식을 담고 있습니다. 이것은 '아름답고 선한'kalos kai agathos 인간상을 뜻하는 말로, 육체적 아름다움과 정신적 고결함이 함께 가야 한다는 믿음을 담고 있었습니다.

이러한 인간관을 배경으로 고대 그리스 사회에서 잘생긴 근육질 남성은 단순한 '미남'을 넘어서는 의미를 지녔습니다. 즉, 도덕적으로도 우수하며 철학적 소양과 교양을 갖춘 이상적인 시민으로 여겨졌죠. 외모는 미적 표현이 아니라 정신력과 자기통제력을 드러내는 상징, 일종의 자기관리 능력을 인증하는 것이었습니다.

고대 그리스의 인간관은 신체 단련 방식에도 그대로 반영되었습니다. 신체 단련은 오늘날 헬스장에서 흔히 볼 수 있는 근력 운동과 유산소 운동처럼 단순하게 분류하지 않고 근력, 전투 기술, 지구력, 민첩성, 협응력 그리고 근육의 심미적 감각까지 아우르는 종합 훈련 프로그램이었습니다. 성격으로 보면 오늘날의 종합격투기MMA에서 추구하는 플라이오메트릭스plyometrics(짧은 시간에 최대 힘을 폭발적으로 발휘하는 훈련), 컨디셔닝, 기능성 운동과 훨씬 유사하다고 볼 수 있습니다.

▲ **네메아의 사자를 사냥하는 헤라클레스** | 그리스인이 추구한 남성상은 신체, 용기, 도덕성을 동시에 증명하는 존재였다. 영웅의 몸은 곧 시민의 이상이었다.

2,500년 전 헬스장은 철학 토론장이었다?

고대 그리스 남성들은 어디에서 몸을 단련했을까요? 대표적인 전용 훈련 시설로 짐나시온gymnasion과 팔레스트라palaestra가 있었습니다.

짐나시온은 오늘날 헬스장을 의미하는 '짐'gym의 어원이기도 하죠. 이 공간은 단순히 몸을 단련하는 운동 시설에 그치지 않았습니다. 시민 교육이 이루어졌고 철학자들이 토론을 벌였으며, 젊은이들은 전쟁에 대비한 훈련도 받았습니다. 무엇보다 이 공간의 특징은 완전히 벗은 상태로 운동을 했다는 점입니다. '짐나시온'이라는 명칭 자체가 '벌거벗은'을 뜻하는 그리스어 '짐노스'gymnos에서 유래했기 때문이죠.

짐나시온이 신체 훈련과 시민 교육을 아우르는 공간이었다면 팔레스트라는 격투 훈련에 특화된 남성 스포츠 공간이었습니다. 팔레스트라에서

할테레스halteres

오늘날의 덤벨에 비유되곤 하는 고대 그리스의 점프용 추. 멀리뛰기를 할 때 양손에 하나씩 들고 그 무게를 추진력으로 삼아 점프했다. 도약 전후 팔의 반동을 돕고 착지 자세를 잡는 데 도움을 준 것으로 여겨졌다.

플라톤과 체육

플라톤은 인간 교육에서 음악과 체육의 조화를 중요하게 보았다. 그에게 체육은 단순히 신체를 단련하는 기술이 아니라 정신과 성품을 바로 세우는 교육의 한 축이었다. 그는 이상적인 시민이란 강한 몸과 절제된 영혼을 함께 갖춰야 한다고 여겼다.

아리발로스aryballos**와 스트리길**strigil
끈에 매달아 휴대하던 작은 병 '아리발로스' 안에는 올리브유가 담겨 있었다. 그리스 선수들은 운동 전에 몸에 기름을 발라 근육을 보호하고 체온을 유지했다. 병 옆에 달린 구부러진 금속 막대 '스트리길'은 운동이 끝난 후 몸에 엉겨 붙은 기름, 먼지, 땀을 긁어내는 위생 도구였다.
당시 그리스인에게 손목에 찬 오일 병과 금속 막대는 관리하는 남성의 상징과도 같은 아이템에 비유할 수 있었다. 실제 훈련할 때나 경기 중에는 당연히 내려놓았다.(23쪽 사진 참고)

고대 그리스에서 성인 남성(에라스테스 erastes)과 소년(에로메노스eromenos) 사이의 관계는 단순한 성적 결합만이 아니라 지혜와 덕(아레테)을 전수한다는 교육적 명분을 지니기도 했다. 다만 이는 오늘날의 동성애 개념과 정확히 일치하는 것은 아니며, 연장자가 젊은이를 시민 사회의 일원으로 이끄는 후견적 관계로 이해되곤 했다.

는 주로 어떤 운동을 했을까요? 가장 먼저 언급해야 할 종목은 단연 고대식 레슬링 '팔레'pale입니다. 시민 교육과 체육 문화 전반에 깊이 스며든 가장 그리스적인 운동이죠. 고대 올림픽 경기 가운데 가장 오래된 종목 중 하나로 기원전 708년에 정식 종목으로 채택된 유서 깊은 스포츠입니다.

'판크라티온'pankration은 레슬링과 권투를 결합한 실전형 스포츠였습니다. 팔레스트라나 군사 훈련소에서 수련했으며 기원전 648년 올림픽 정식 종목으로 채택될 만큼 인기를 끌었죠. 규칙은 단순했습니다. 눈 찌르기와 물어뜯기만 금지되었을 뿐 대부분의 기술이 허용되었고 승패는 상대방이 항복하거나 기절하면 결정이 났습니다.

이 무자비한 경기 과정에서 부상자는 물론 사망자가 나오기도 했습니다. 가장 유명한 일화는 기원전 564년 올림픽 결승전에 출전한 아리키온Arrichion의 이야기입니다. 상대에게 목을 졸려 숨이 끊어지는 절체절명의 순간, 아리키온은 마지막 힘을 다해 상대의 발가락을 꺾어 항복을 받아냈습니다. 결국 그는 숨진 채로 승리 선언을 받았고, 올림픽 역사상 유일하게 시신에 월계관이 씌워지는 비극적이면서도 숭고한 장면이 연출되었습니다.

규칙의 제약이 거의 없는 판크라티온의 격렬함은 오늘날의 종합격투기와 매우 유사합니다. 차이가 있다면 판크라티온 경기의 엔딩은 아주 가끔 상대가 시체로 누워 있는 장면으로 마무리되었다는 점이죠.

이 밖에 군사 훈련의 성격이 있었지만 인기 스포츠 종목이기도 했던 창던지기와 원반던지기, 달리기도 빼놓을 수 없습니다. 세 종목은 예나 지금이나 체력 테스트의 기초 종목이며 아테네 시민권자의 교육에서 기본 프로그램 중 하나였습니다.

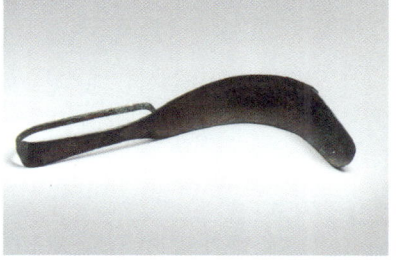

▲ **원반 던지는 사람**Discobolus｜매우 사실적이고 역동적으로 보이지만 후대의 재현 시도에서는 실제 투척 동작과는 거리가 있다는 점이 드러났다. 원작 조각가 미론Μύρων의 관심은 운동 기술의 정확한 재현보다 인간 신체가 지닌 기하학적 조화와 이상적인 아름다움을 형상화하는 데 있었다.

▲ 그리스인이 신체 훈련 중 사용하던 오일병 '아리발로스'와 금속 막대 '스트리길'.

▲ 고대 그리스 레슬링 팔레. 기술 재현보다 균형 싸움과 역동적인 미학을 형상화하는 데 중점을 뒀다.

플라톤의 이중생활, 사실 철학자 코스프레한 레슬링 천재?

고대 그리스의 위대한 철학자 플라톤. 이름을 들으면 운동과는 아무런 관련이 없는 철학자로 연상되지만 사실 10대 시절부터 아테네에서 레슬링 선수로 이름을 알렸던 인물입니다. 그의 본명은 '아리스토클레스'Aristokles였으며, 오늘날 본명보다 더 널리 알려진 '플라톤'이라는 이름은 레슬링을 하며 얻은 별명으로 '넓은 어깨'라는 뜻을 지니고 있습니다. 플라톤의 이력을 고려했을 때 어쩌면 플라톤은 이성의 언어가 통하지 않는 상대를 레슬링으로 제압하며 이렇게 말했을지도 모릅니다.

"말로 하면 3시간 걸릴 걸 30초 만에 설득시켜 주지."

플라톤은 저서 《국가》와 《법률》에서 식사와 훈련이 단순히 몸을 만드는 과정이 아니라 개인의 도덕과 성품 형성에 깊은 영향을 미친다고 강조했습니다. 이처럼 고대 그리스의 운동선수들은 식단이 경기력에 영향을 준다는 점을 충분히 인식하고 있었습니다. 기원전 5세기 무렵 선수들이 고단백 식사가 경기력에 유리하다는 것을 경험적으로 체득하여 곡물 위주의 식단에서 고기 중심으로 식단을 전환한 사례가 기록으로 남아 있기도 하죠.

아름다움이 남성의 특권이었던 이유

올림픽에 선수로 출전한다는 것은 고대 그리스가 이상으로 삼은 인간상, 즉 앞서 말한 '칼로카가티아'의 살아 있는 구현이었습니다. 올림픽을 포함한 각종 경기에 선수들은 전라로 출전했습니다. 이것은 신 앞에서는

팔레스트라palaestra

사방을 기둥으로 둘러싼 안뜰형 구조가 일반적이었으며, 훈련 전후로 몸에 기름을 바르고 스트리길로 땀과 먼지를 긁어내는 공간도 갖추고 있었다. 이곳은 단순한 운동 시설을 넘어 젊은 남성들이 모여 신체를 단련하고 철학을 나누며 관계를 쌓던 사회적 공간이었다.

엘리트 선수 출신 플라톤

플라톤은 체육, 음악, 철학이 조화를 이루는 교육이 이상적이라고 보았으며 육체와 지성은 결코 분리될 수 없는 하나의 통합된 가치라고 생각했다. 오늘날에 비유하면 '3대 500을 칠 수 있고, 격투기를 하며, 수학과 독서를 통해 교양을 쌓고, 악기 하나쯤은 다룰 수 있어야 사람 구실을 한다'라고 표현할 수 있다.

이러한 생각은 단순한 이론에 그치지 않았다. 그는 젊은 시절 4대 범그리스 경기 중 하나인 이스트미아 경기Isthmian Games의 팔레 종목에 출전했다는 이야기가 전해진다. 이스트미아는 올림픽에 견줄 만큼 권위 있는 대회였다.

꾸밈없이 진실해야 한다는 명분 아래 벌어진 사실상의 근육 전시회였던 셈이죠.

고대 그리스 시민들은 전장에 나갈 때도 미적 감각을 잊지 않았습니다. 복근이 조각된 청동 흉갑은 당연하게도 실질적인 방어력에는 아무런 영향을 주지 못했지만 육체적인 이상과 도덕성, 시민의 자격을 시각화한 상징물이었습니다. 그것은 곧 아킬레우스나 헤라클레스 같은 신화 속 영웅의 전통을 계승하고 있다는 선언이기도 했습니다. 마치 오늘날의 바디 프로필을 청동으로 새긴 것 같은 느낌이네요.

고대 그리스 대부분의 폴리스(도시국가)에서 여성들은 신체 훈련이 제한되었습니다. 스파르타에서만 국가적 군사 훈련 목적으로 여성의 체력 단련이 제도적으로 허용되었죠. 당시 그리스는 가부장적인 사회로 여성의 공적 활동을 극도로 제한했습니다. 그리스 여성에게 '아름다움'의 상징은 근육이 아니라 순종과 정숙함이었습니다. 때문에 짐나시온과 팔레스트라는 철저히 금녀 구역이었으며, 그리스는 나체로 운동하는 문화였기 때문에 여성의 출입은 더욱 금기시되었죠. 결국 짐나시온은 남성에게 '열린 몸'의 공간이었지만 여성에게는 '닫힌 사회'의 상징이었습니다.

시대도 유행처럼 돌고 도는지 모르겠습니다. 고대 그리스에서는 짐나시온에서 벗은 몸으로 시민성을 증명했다면 오늘날에는 조명과 보정으로 연출된 보디 프로필 사진을 SNS에 게시하며 자기관리를 인증하니까요. 만약 플라톤이 오늘날 살아 있다면 본인의 인스타그램에 철학적 명제보다 3대 웨이트 트레이닝 중량 인증샷을 올렸을지도 모를 일입니다.

▲ **펜타슬론**pentathlon | 고대판 크로스핏이라고 부를 수 있는 경기. 고대 5종 경기인 달리기, 멀리뛰기, 원반 던지기, 창던지기, 레슬링을 한 번에 평가한다. 사진은 레슬링 경기 '팔레'를 하는 선수들의 모습이다.

▲ **멀리뛰기와 창던지기 선수** | 가장 왼쪽 인물은 멀리뛰기 선수로 할테레스를 들고 있다. 할테레스를 손에 쥐고 뛰면 추진력을 얻어 더 멀리 도약할 수 있다고 알려져 있다. 두 번째와 네 번째 인물은 창던지기 선수다.

▲ **할테레스** | 손에 무거운 추를 들면 불리할 것 같지만, 할테레스는 오히려 도약의 리듬과 균형을 도와 더 멀리 뛰게 했다.

▲ **파나티나이코 경기장**panathenaic stadium | 그리스 아테네에 위치한 경기장. 고대 아테네 최대 축제인 '판아테나이아 경기'가 열렸던 주 무대로, 펜타슬론은 이 경기의 핵심 종목 중 하나였다.

히드리아 hydria

물을 긷고 운반하며 보관하는 데 사용된 대표적 생활
토기. 아테네 여성 시민들은 외부 활동이 제한적이었으
나 공동 우물에 물을 긷는 일은 일상적인 의무이자 이
웃과 소통할 수 있는 드문 기회였다.

히드리아는 양옆의 수평 손잡이 두 개와 뒤쪽의 수직
손잡이 한 개를 갖춘 구조로 운반할 때는 양손으로 들
고, 물을 따를 때는 뒤쪽 손잡이를 잡도록 설계됐다. 옮
길 때는 머리 위에 얹고 나르는 방식이 흔했는데, 이는
무게를 분산시키고 두 손으로 균형을 잡기에 유리했기
때문이다. 장식이 있는 토기는 가정의 경제적 여유와
취향을 드러냈으며 제의용, 봉헌용, 장례용으로도 사
용되는 등 실용성과 상징성을 함께 지닌 용기였다.

여성은 왜 이 남성이 마음에 들지 않았을까?

고대 그리스의 미적 이상은 육체적 아름다움
과 도덕적·정신적 탁월함의 조화를 뜻하는
'칼로카가티아'였다. 시민 사회에서는 뛰어
난 말솜씨보다 잘 단련된 신체와 성숙한 외
양을 갖춘 남성이 더 이상적으로 여기는 경
향이 있었다.

그림 속 남성처럼 수염이 없고 왜소하며 관
념적인 말을 늘어놓는 인물은 여성의 시선에
서 칼로카가티아를 갖추지 못한 미숙하고 덜
완성된 남성으로 보였을 가능성이 있다.

면도
기원전 4세기 그리스에서 수염은 성인 시민 남성의 성숙함과 위엄을 상징하는 요소였다. 많은 철학자들 역시 수염을 지혜와 권위의 표지로 여겼다. 수염이 없는 매끈한 얼굴의 유행은 알렉산드로스 대왕 이후 헬레니즘 시대의 흐름에 더 가깝다.

아크로폴리스acropolis
아테네 시민들이 오가고 철학자들이 담소를 나누던 공간으로 그리스 철학의 상징과도 같은 언덕이었다. 파르테논 신전은 페리클레스 시대인 기원전 5세기 중엽 착공되어 기원전 432년경 본체가 거의 완성됐다. 플라톤이 활동하던 기원전 4세기 무렵에는 신축 건물에 가까운 위상을 지니고 있었지만 아크로폴리스 전체 공사가 끝난 것은 아니었다. 페리클레스 사후에도 에레크테이온과 아테나 니케 신전 등 건축 사업과 정비가 계속 이어졌다.

결투를 피하면 결혼 불가!
얼굴에 새긴 생기부

: 유럽 결투 문화로 본 인정 욕구의 역사

배경 연도

19세기 중부 유럽

19세기 면접관은 아마도
이런 질문을 했을 겁니다.
"그 상처, 진짜인가요?"

—

"상견례 전에 사윗감 얼굴 좀 볼 수 있을까요?"
"네, 뺨에 결투 상처 하나 있습니다만….."

면접 합격! 다소 과장된 장면 같지만 19세기 독일 귀족 사회에서 실제로 비슷한 대화가 오갔을지도 모릅니다. 오늘날 우리가 누군가의 스펙을 확인하려면 이력서나 SNS 계정을 보지만 당시 일부 귀족 사회에서는 왼쪽 뺨의 흉터를 먼저 봤습니다. 칼자국이 선명하면 "이 사람, 명예를 위해 싸운 경험이 있군!" 하며 안심했고, 흠집 하나 없는 깨끗한 얼굴이면 "혹시 이 친구, 싸움 한 번 못 해본 건가?" 하며 의심이 따라붙었죠.

진심으로 칼을 휘둘렀던 19세기 귀족들. 어째서 그들에게 결투는 목숨까지 걸어야 할 만큼 중요한 일이었을까요? 이유는 간단합니다. 당시 시대상으로 결투란 단순한 싸움이 아니라 '사회적 인증 시스템' 중 하나였기 때문입니다. 오죽하면 결투는 남성성이 문명화되는 방식 중 하나이며 귀족 남성으로서 반드시 거쳐야 하는 사회적 통과의례였다는 이야기도 전해집니다.

결투에서 얻은 얼굴의 상처는 단순한 흉터가 아니라 귀족 신분의 상징이자 검증 수단이며 매력 포인트로 간주되기도 했죠. 목숨을 걸고 칼을 휘두르려면 용기와 자기통제, 감정 절제가 필수였기에 칼자국이 있는 얼굴에서 성품과 교양, 명예가 한눈에 드러났던 것입니다. 즉, 상처는 그 훈련과 검증의 시각적 증거였던 셈이죠.

중세 법정에서 퇴장한 칼, 명예의 무대에 오르다

결투의 역사는 훨씬 이전으로 거슬러 올라갑니다. 14세기 중세 유럽 사회에서는 결투가 단순히 힘겨루기가 아니라 법정에서 진실을 가리는 '신의 심판'으로 받아들여졌습니다. 이를 '결투 재판'trial by combat이라고 하며 말 그대로 판결을 신의 심판에 맡기는 제도였습니다. 신이 옳은 편에 승리를 허락한다는 종교적 의미와 신념이 존재했습니다.

결투 재판의 진행 방식은 간단했습니다. 법정에서 두 사람이 칼을 들고 싸우다가 한쪽이 사망하거나 항복하면 즉시 결투가 종료되고 살아남은 승자가 정당한 자로 인정되는 식의 판결이었죠. 그런데 근세에 들어서면서 교회는 이를 미신으로 규탄하고 국가는 중앙집권을 강화하면서 폭력을 법적 질서 안에서 통제하려고 했습니다.

아이러니하게도 결투가 공식적으로 금지되고 재판 제도에서 퇴장한 중세 후기 이후 유럽은 오히려 본격적인 '검술의 르네상스'를 맞이하게 됩니다. 법정에서 싸울 필요는 사라졌지만 사교계에서 명예를 지키기 위한 개인 결투가 오히려 더 중요해졌기 때문입니다. 유럽 상류층 남성에게 명예는 여전히 신분, 인간됨, 사회적 자격을 좌우하는 핵심 가치였고 누군가 명예를 훼손했을 때 가장 드라마틱하게 복수할 수 있는 방식이 바로 결투였습니다.

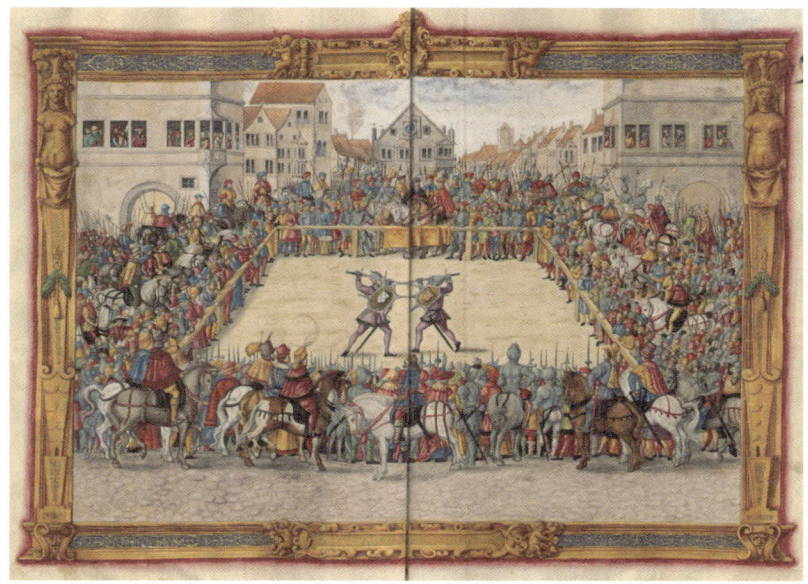

▲ **아우크스부르크의 결투 재판** | 1409년 아우크스부르크의 와인 시장에서 벌어진 빌헬름 폰 돈스베르크 원수元帥와 테오도어 하센아커 사이의 사법 결투 장면. 돈스베르크의 검은 결투 초반에 부러졌지만 상대인 하센아커의 검을 빼앗아 그를 죽이는 데 성공했다. 두 사람이 사용한 방패는 이후 아우크스부르크 외곽의 성 레오나르트 교회에 보관되어 있었으나 교회가 1542년에 파괴되면서 함께 사라졌다.

▲ **14세기 중세 결투 재판을 묘사한 그림** | 결투자는 신분과 상황에 따라 조건을 조정해 공정하게 싸워야 했으며, 햇빛 역시 어느 한쪽에 유리하지 않도록 장소를 택했다.

이러한 변화 속에서 16세기 유럽에는 수많은 검술 마스터가 등장하고 검술 학원이 탄생합니다. 그리고 이곳의 검술 강사들은 기술을 체계화하고, 유파를 만들고, 제자를 배출했으며 심지어 전문적으로 서적을 집필했습니다. 검술의 방식과 철학은 국가와 계층마다 뚜렷하게 달랐고 각기 다른 정치 문화, 명예관, 계급 질서 속에서 다양하게 진화했습니다.

이후 19세기 독일의 대학에서는 '멘주어'Mensur라고 불리는 학생 결투 문화가 크게 유행했습니다. 멘주어는 라틴어 '멘주라'mensura(측정, 거리)에서 유래한 독일어로 결투자 사이의 고정된 거리를 의미합니다. 이 거리는 사전에 엄격하게 정해지고 결투자는 원칙적으로 제자리를 지키며 공격을 했죠. 시대와 단체에 따라 세부 규칙이 조금씩 달랐지만요. 흥미롭게도 이 멘주어는 훼손된 명예를 회복하기 위한 결투가 아니라 오히려 원한이라고는 단 하나도 없는 학생들끼리 벌이는 스포츠에 가까웠습니다. 공포와 고통 앞에서도 흔들리지 않는 태도를 증명하는 일종의 통과의례였죠.

학생 단체에 소속된 청년들은 '슐레거'Schläger라 불리는 예리한 칼을 들고 몸통, 팔, 목 부위는 보호구로 철저히 가리면서도 얼굴만큼은 완전히 노출한 상태로 칼을 주고받았습니다. 형식은 결투였지만 목적은 승리가 아니었고, 결과는 흉터로 남았지만 의미 있는 자격이었죠. 이 위험한 의식이 어디까지나 '통제된 시험'이었음을 보여 주듯 멘주어 현장에는 항상 전담 의사가 대기하고 있었습니다.

출혈이 심하면 즉시 치료했고 부상이 치명적으로 번지지 않도록 관리했습니다. 그러면서도 일부러 흉터가 굵고 크게 남도록 꿰매는 경우도 있었습니다. 그래야 나중에 "내가 이만큼 빡센 멘주어를 견딘 사람이다!"라면서 얼굴을 명함으로 내밀 수 있었으니까요.

◀ 1820년대 조지 도가 그리고 헨리 에드워드 도가 판화로 제작한 〈귀족의 일생〉 The Life of a Nobleman 시리즈 중 '결투'. 권총 결투로 부상을 입은 귀족이 치료받는 모습이다.

▲ 19세기 후기~20세기 초 독일 하이델베르크에서 행해진 학생들의 멘주어 결투 장면.

철제 고글과 노출된 뺨

눈은 철제 고글 '파우크브릴레'Paukbrille로 보호했지만 뺨과 이마 일부는 노출된 상태로 남겨 뒀다. 이는 치명적인 부상은 피하면서 얼굴에 상처가 남을 가능성은 남겨 두려 했던 멘주어 특유의 방식과 관련이 있었다. 이러한 보호구의 구조는 결투가 단순한 난투가 아니라 고통과 공포를 견디는 태도 자체를 중시한 의례적 문화였음을 보여 준다.

멘주어는 자유 결투가 아닌 규칙 기반의 결투였다. 결투는 사전에 합의된 거리와 자세를 유지한 채 진행됐으며, 임의로 물러나거나 공격을 피하는 행위는 허용되지 않았다. 전형적인 멘주어에서는 발(하체)을 바닥에 고정한 상태에서 상체 중심의 제한된 동작으로 공방을 주고받는 것이 특징으로 위치 이동이 거의 없었다. 따라서 이 그림은 실제 멘주어 동작과는 다소 차이가 있으며 펜싱 경기 장면에 더 가깝다(실제 멘주어 동작은 35쪽 그림 참고).

멘주어는 대학생 문화의 한 축을 이루었다. 특히 독일과 중부 유럽의 대학생 결투 클럽에서 벌어진 이 의식은 남자다움을 증명하는 수단으로 작용했으며, 고통을 견디고 물러서지 않는 태도를 용기와 명예로 간주했다. 신입 구성원들은 선배들의 기대와 집단 문화 속에서 결투에 참여하는 경우가 많았다. 관전자들 역시 규칙 준수 여부를 지켜보는 증인이자 참가자의 명예를 평가하는 공동체의 일원으로 기능했다.

도망치면 신랑감에서 탈락? 결혼하려면 용기를 증명하라!

앞서 이야기한 결혼 이야기로 다시 돌아가 보겠습니다. 그렇다면 19세기 독일과 오스트리아 상류층 사회에서 여성들이 기대한 '이상적인 신랑감'은 어떤 사람이었을까요? 돈 많고 가문 좋고 교양 있는 남자? 그것은 기본 덕목이었겠죠. 거기에 '얼굴에 칼을 맞아 본 남자'라면 플러스 요인이었을 것으로 생각됩니다. 결투 흉터는 단순한 외상이 아니라 '자신과 가정을 지킬 수 있는 용기와 자제력을 갖췄다'라는 사회적 인증 마크로 인식되었기 때문입니다.

물론 결투 경력이 성혼의 절대적인 조건은 아니었지만 당시 귀족 자제들과 부유한 평민 부르주아층 사이에서 결투는 일종의 사회적 관례였고 공개적 모욕, 성적 스캔들, 파혼 같은 명예를 건 문제에서 법정 소송보다 결투가 더 강력한 선언이었던 만큼 결투 신청은 큰 의미가 있었습니다. "당신의 행동을 용납할 수 없으니 이 문제를 목숨까지 걸고 공식화하겠다."라는 뜻이었으니까요.

반대로 결투를 피하거나 도전을 받고도 물러선 남자는? 물론 모든 경우가 그렇지는 않았겠습니다만 결혼 주선 자체가 끊기거나 사교계에서 조용히 퇴출되는 일도 심심치 않게 벌어지지 않았을까 추측해 봅니다. 어쨌든 결투를 회피하는 건 곧 '겁쟁이', '무책임한 인간', '가문의 망신'이라는 삼단 콤보 낙인을 의미했습니다. 싸우지 않으면 사랑도 미래도 허락되지 않았던 시대. 한 발 물러서는 순간 경쟁에서 탈락하고 남자 취급조차 받지 못했겠죠.

그 때문이었을까요? 가짜 결투 경험을 과시하기 위해 일부러 흉터를 성형해 조작하는 사례도 있었습니다. 가짜 흉터를 비꼬는 '레노미어슈미

19세기 후기 유럽 상류층 남성의 전형적인 정장 차림으로 프록코트frock coat 또는 롱코트 계열의 실루엣이 특징이다. 허리를 잘록하게 잡고 아래로 길게 떨어지는 재킷, 높은 칼라 셔츠, 넥타이 또는 크라바트, 잘 재단된 바지와 가죽 구두는 당시 상류층 남성복의 기본 구성이었다. 여성복보다 장식은 절제되어 있지만 옷감의 질, 재단의 정교함, 단정함이 계급과 교양을 드러내는 핵심 요소였다. 이는 '감정을 절제하고 돈과 교육을 갖춘 사람'이라는 인상을 강조하는 방식에 가까웠다.

19세기 후기 유럽은 버슬bustle 패션의 정점에 있었다. 드레스 안의 버슬 구조물은 엉덩이 위에 '선반'을 올려놓은 듯 직각으로 돌출된 실루엣을 만들었다. 이는 여성의 가는 허리와 신체 곡선을 강조하는 동시에 '불편한 옷을 입고도 노동하지 않아도 되는 상류층'이라는 계급적 여유를 과시하는 장치이기도 했다.

슈미스Schmiss(흉터)
오늘날의 시선에서는 황당한 미적 기준처럼 보이지만 당시 독일권과 중부 유럽의 일부 상류층 청년 사회에서는 지나치게 깨끗한 얼굴이 '아직 검증되지 않은 남자'로 여기기 쉬웠다. 이 시대의 흉터는 계급 문화와 남성성 경쟁이 만들어낸 사회적 표식이었다.

결투가 발생하는 상황

촉발 상황	당시 사회적 의미	대응하지 않을 경우	최종 조치
공개석상에서 거짓말쟁이로 지목	신사로서의 명예 박탈 선언	발언을 인정한 것으로 간주 (사회적 매장)	결투로 명예 회복 요구
뺨 맞기 등 신체적 모욕	사회적 서열 붕괴 및 극한의 굴욕	'비겁자' 낙인, 사교계 영구 퇴출	즉각적인 결투 신청이 관례
여성(가족) 평판 모욕	개인과 가문 명예에 대한 동시 공격	가문 전체의 체면 손상 및 고립	가문 대표(남성)의 결투
약혼 파기 및 결혼 계약 파탄	가문 간 신뢰 붕괴 및 비즈니스 결렬	사회적 신뢰 상실 및 가문 망신	책임 소재를 가리기 위한 결투
사교계 공개적 망신 및 조롱	체면 손상 및 실질적 지위 하락	사회적 영향력 상실 (투명인간화)	명예 회복을 위한 결투
신문, 풍자 등 매체상의 모욕	박제된 영구적 명예 훼손	평판의 장기적·치명적 손상	공식적인 결투 요청
장교, 귀족 집단 내부 모욕	집단 명예 규범 위반	조직 내 지위 상실 및 강제 퇴출	사실상 강제 결투 이행

스Renommierschmiss라는 용어가 있었을 정도니까요. 직역하면 '과시용 상처'로 말 그대로 허풍쟁이의 흉터라는 뜻입니다. 결투는 두려웠지만 흉터는 갖고 싶어서 거울을 보며 면도날로 뺨을 긋거나 의사에게 부탁해 상처를 남겼다는 이야기까지 전해집니다.

상처가 더 크게 남도록 일부러 염증을 유도했다는 소문도 널리 퍼져 있었습니다. 상처에 말총을 끼워 넣거나 소금이나 포도주를 뿌렸다는 자극적인 이야기도 따라붙었죠. 물론 흉터 성형 시술이 실제로 얼마나 대중적으로 성행했는지는 분명치 않지만 몇몇 사례는 기록으로 남아 있습니다.

진짜든 가짜든 얼굴에 흉터를 갖고 싶어 하는 사람은 적지 않았으며 흉

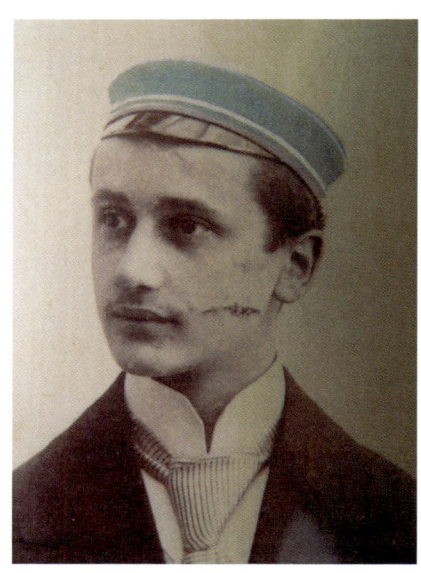

▲ 1896년에 촬영된 독일 학생단 '코르프스' 소속인 아돌프 호프만-하이덴Adolf Hoffmann-Heyden의 모습. 왼쪽 뺨에 갓 생긴 결투 흉터가 선명하다.

터에 대한 집착이 얼마나 강했는지 충분히 짐작할 수 있습니다. 애초에 멘주어의 목적 자체가 얼굴에 상처를 남기는 것이기도 했으니까요.

의외의 사실이지만 결투에서 누가 이겼는지보다도 중요했던 건 도전을 받고 싸웠느냐, 아니냐였습니다. 명예를 걸고 결투를 걸거나 결투를 받아들이는 행동 자체가 용기의 증거였고, 패배한 사람이 더 존경을 받는 경우도 있었습니다.

독일의 학생 결투처럼 애초에 승패를 따지지 않는 형식도 있었고, 프랑스와 영국에서는 한쪽이 피를 흘리면 결투를 멈추는 관례도 있었습니다. 결투는 명예를 회복하는 수단이었지 상대를 죽이기 위한 것은 아니었죠. 하지만 칼을 들고 명예를 증명하던 시대도, 뺨의 상처를 자랑스럽게 드러내던 청춘도 이제는 역사 속 산물로 남았을 뿐이죠.

"왜 그렇게까지 싸워야 했는가?"

이 질문에 대한 답은 당시를 살았던 사람들의 피 묻은 뺨 위에만 남아 있을지 모릅니다. 칼끝은 멈췄지만 시대만 바뀌었을 뿐 사람들 마음속 '증

▲ **왜 여자의 나이는 건드리면 안 될까?** | 1792년 런던에서 실제로 벌어진 여성 결투 사건을 풍자한 판화 〈치마 속의 결투〉The Petticoat Duellists이다. 사교 모임에서 상대의 나이를 공개적으로 놀린 일이 발단이 되었는데, 당시 여성의 나이는 혼인 가치와 사회적 매력, 명예와 직결되는 중요한 요소였다. 권총 결투로 시작되었지만 탄환이 모두 빗나가자 검으로 승부가 이어졌고 도발한 쪽이 가벼운 부상을 입은 뒤 양측은 사과하고 화해했다. 결투의 목적은 상대를 죽이는 것이 아니라 명예를 회복하는 데 있었다.

명받고 싶은 욕망'은 여전히 살아 있으며 이제는 결투 대신 이력서가, 흉터 대신 스펙이 사람들을 줄 세웁니다. 칼만 사라졌을 뿐 우리는 오늘날도 다른 방식으로 서로를 베고 있는지도 모르죠.

황야를 달린 10대들,
워라밸 대신 고연봉을!

: 죽음을 감수한 역사 속 고소득 직업

배경 연도

19세기 미국 서부 개척시대

시대만 다를 뿐
가장 비싼 대가는
언제나 목숨이었습니다.

여러분은 언제 가장 설레나요? 저는 휴대폰에 택배 도착 문자가 올 때 가장 설렙니다. '배송 완료' 네 글자만큼 사람을 행복하게 만드는 말이 또 있을까 싶습니다. 게다가 요즘엔 새벽 배송도 가능하죠. 잠들기 전에 주문한 물건이 아침에 문 앞에 놓여 있는 시대입니다. 하지만 우리가 당연하게 누리는 이 편리함은 역사 속 수많은 위험을 지나 만들어진 결과이기도 합니다. 편지 한 통을 전달하기 위해 목숨을 걸고 먼 거리를 직접 달리던 시대도 있었죠. 특히 광활한 대지와 끝없는 황야만 펼쳐져 있던 19세기 미국 서부에서 우체부들은 배달원 그 이상의 존재였습니다.

시대가 원하는 인재상

19세기 중반 미국은 동부를 중심으로 국가 시스템이 형성된 상태였습니다. 동부에서는 산업과 정치, 법, 질서가 비교적 안정적으로 작동했던 반면 서부 개척지는 이제 막 국가의 틀에 편입되는 진행형 땅이었죠. 사회 인프라와 행정 체계, 치안은 지역에 따라 크게 달랐고 많은 이주민, 모험가, 도망자가 뒤섞인 거칠고 예측 불가능한 땅이었습니다.

전신망과 철도는 일부 구간에 도입되기 시작했지만 동부처럼 안정적으로 이어진 체계는 아니었습니다. 연결이 끊기거나 지연되는 일이 잦았고 소식은 여전히 사람의 발과 말에 의존하는 경우가 많았습니다. 동부에서 오는 전보가 지체되면 전쟁 소식이나 토지 정책 변화, 법률과 행정 명령이 늦게 전달되었고 이는 곧 재산과 생존의 문제로 이어지곤 했죠. 이러한 상황에서 우체부는 동부와 서부를 잇는 사실상의 생명선이었습니다. 기적에 가까울 만큼 빠르고 정확하게 소식을 전달하는 데 자신의 삶을 내걸었던 사람들이죠.

끝없이 펼쳐진 황야와 눈 덮인 산맥, 곳곳에 도사린 무장 강도나 원주민과의 무력 충돌을 피해 대륙을 가로지른다는 것은 타의 추종을 불허하는 담력과 전투 기술을 갖춰야만 가능한 일이었습니다. 우체부들은 주급 25달러를 받고 누구보다도 위험한 길을 달리며 목숨을 담보로 편지를 전달했습니다. 이들이 바로 1860년 4월 3일 처음 서비스를 시작한 우편 회사 '포니 익스프레스'Pony Express의 기수들이었습니다. 포니 익스프레스는 말을 이용해 미주리주 세인트 조셉에서 캘리포니아주 새크라멘토까지 약 3,200킬로미터에 달하는 거리를 횡단했던 전설적인 초고속 우편망이었습니다.

포니 익스프레스의 구인 광고는 오늘날을 기준으로 보면 상당히 충격적입니다. (다음 채용 조건 및 우대 사항은 1860~1861년 포니 익스프레스

▲ 포니 익스프레스 구인 광고물

운영 당시의 실제 구인 광고에 근거한 것이 아니며, 20세기 초기 이후 만들어진 전설적 인용으로 보는 견해가 강합니다.)

- 연령: 만 18세 이하의 청소년 우대
- 신체 조건: 말의 부담을 최소화할 수 있는 저체중자
- 업무 환경: 매일 직면하는 생명의 위협을 감수할 수 있는 자
- 우대 사항: 고아 출신 우선 채용

채용 조건은 분명했고 한 가지 특이한 조건이 붙었습니다. 고아를 우선적으로 채용한다는 점이었죠. 아마도 가족을 부양해야 할 책임이 적고, 사고나 사망 시 생계에 직접적인 타격을 받는 가족 구성원이 없다는 점을 고려한 현실적인 판단이었을 가능성이 큽니다. 요약하면 포니 익스프레스가 원했던 인재상은 다음과 같습니다.

'위험을 두려워하지 않는 젊은 고아.'

이 문장은 미국의 서부 개척시대가 얼마나 가혹한 환경이었는지, 그리고 당시의 고용 관행이 인간의 조건을 어떻게 계산했는지 적나라하게 보여 줍니다.

다만 당시 18세 이하의 어린 남성을 선호했던 이유는 단순히 사망 위험을 감수할 수 있어서만은 아니었습니다. 신체가 가벼워야 말이 덜 지치고 더 빨리 달릴 수 있었기 때문입니다. 이 점에서 성장기를 막 지난 10대 청소년이 가장 적합한 인력이었죠. 당시 10대는 오늘날과 달리 훨씬 이른

무법자 ●⋯⋯⋯⋯⋯⋯⋯⋯⋯⋯⋯⋯⋯⋯
서부 개척시대 무법자는 영화처럼 검은
코트를 입고 리볼버로 결투를 벌이는 낭
만적인 총잡이라기보다 말 도둑, 강도, 탈
영병 등 다양한 범죄 집단을 통칭하는 개
념에 가까웠다. 실제로 무법자들은 조직
적인 갱단보다 소규모 범죄자 집단이 많
았으며 총격전보다는 기습, 약탈, 도주가
주된 생존 방식이었다.

포니 익스프레스 기수들은 '콜트 1851 ●⋯⋯⋯⋯⋯⋯⋯⋯⋯⋯⋯⋯⋯
네이비'나 '콜트 1860 아미' 같은 퍼커션
리볼버를 휴대했을 가능성이 크다.
당시 총기는 장약(탄약의 추진제)과 탄환
을 각각 장전하는 캡 앤드 볼cap-and-ball
방식이었기 때문에 재장전이 매우 느렸
고, 달리는 말 위에서 이를 다시 장전하기
는 사실상 어려웠다. 이 때문에 기수들은
예비 권총을 몸이나 안장에 추가로 휴대
하기도 했으며, 한 자루의 탄환을 모두 사
용하면 재장전하기보다 곧바로 다른 총을
꺼내 드는 편이 훨씬 현실적인 선택이었
다. 현대 총기 용어를 빌리자면, 이는 일
종의 '뉴욕 리로드'New York reload에 가
까운 방식이었다고 볼 수 있다.

◼ 모칠라(mochila)
포니 익스프레스 기수들의 핵심 장비는 안장 위에 덮어 씌우는 특수 우편 가방 '모칠라'였다. 이 가방은 보통 자물쇠가 달린 네 개의 주머니로 구성되어 있었으며, 가장 중요한 특징은 교대소에서 말을 갈아탈 때 가방 전체를 그대로 옮길 수 있도록 설계되었다는 점이다. 덕분에 기수는 정차 시간을 최소화할 수 있었고 다음 기수에게 초고속으로 우편물을 넘기는 릴레이 전달이 가능했다.

◼ 설산과 혹독한 자연 환경
포니 익스프레스의 진짜 적은 무법자나 원주민들의 총이 아니라 자연이었다. 특히 시에라네바다산맥이나 로키산맥 구간은 폭설과 눈보라, 영하의 혹한, 늑대와 곰 같은 야생동물의 위협이 끊이지 않았다. 길을 잃거나 낙마 사고도 잦아 기수들이 생명을 위협받는 상황이 빈번하게 발생했다.

▲ **너희들 정말 10대 청소년 맞니?** | 1860년 포
니 익스프레스 실제 기수들의 사진.

나이에 성인의 역할을 맡았습니다.
15~18세 청소년은 농장과 가정에
서 핵심 노동력이었고 이미 경제적
으로 자립한 경우도 비일비재했죠.
일부는 서부 개척지로 이동하거나
군대에 입대했고 16~17세에 가정
을 꾸리는 경우도 드물지 않았습니
다. 이러한 사회적 배경에서 10대
가 직업을 갖는 건 이례적인 일이
아니었습니다.

그렇다면 나이는 우대 조건일 뿐
20세 이상도 충분히 기수가 될 수
있는 것 아니냐고 반문할 수 있겠네
요. 20대 역시 젊고 건강한 현역 노동력이니까요. 그런데 급여가 일반 노
동자에 비해 압도적으로 높음에도 20대 기수는 매우 드문 편이었습니다.
10대 후반에도 이미 생계를 짊어진 이들이 있었지만, 20대에 접어들면
가정을 꾸렸거나 부양해야 할 가족을 둔 경우가 훨씬 많았기 때문이죠.
물론 당시 포니 익스프레스 기수의 주급은 25달러로 일반 노동자의 주급
수준인 5~10달러보다 서너 배나 높은 상당한 고소득이었다는 점은 분명
한 사실이지만요.

참고로 19세기 화폐 가치를 오늘날을 기준으로 정확히 환산하기는 사
실상 불가능합니다. 당시에는 집세와 식료품 가격이 오늘날과 달랐고 심
지어 돈 쓰는 방식 자체가 완전히 달랐거든요. 그럼에도 불구하고 이해를

돕기 위해 아주 단순하게 계산해 보자면 일반 노동자 월급은 약 100만 원 수준, 포니 익스프레스 기수는 400~500만 원 정도로 환산할 수 있겠네요. 오늘날로 치면 고졸 신입 사원에게 월 500만 원씩 꽂아 주는 격입니다. 다만 목숨을 걸어야 할 정도의 위험을 고려할 때 과연 충분한 보상이었는지는 별개의 문제입니다.

구분	일반 노동자(주급)	포니 익스프레스 기수(주급)
당시 금액	$5~10	$25
현재 가치(한화)	약 20~30만 원	약 100~120만 원
월급 환산	약 100만 원 내외	약 400~500만 원

아직 독립하지 않았거나 가족에 대한 경제적 책임이 상대적으로 적은 10대 남성에게 '포니 익스프레스 기수'라는 명함은 매력적인 선택이었을지도 모르겠네요. 그러나 이미 가정을 부양하고 있는 20대 이상의 남성이 목숨을 담보로 선택하기에는 결코 넉넉한 금액이 아니었습니다. 이 때문에 실제로 포니 익스프레스 기수 가운데 20세 이상은 매우 드물었습니다.

목숨을 건 직업 정신

포니 익스프레스의 기수들은 업무를 시작하기 전에 반드시 서약을 해야 했습니다. 욕설을 하지 말 것, 싸움을 피할 것, 술을 마시지 않을 것을 성경 위에 손을 얹고 맹세했습니다. 그러나 이 엄격한 윤리 규범이 실제 현장에서 얼마나 철저하게 지켜졌는지에 대해서는 회의적인 기록도 적지 않습니다.

▲ **1860~1861년 운영된 포니 익스프레스 우편 노선도** | 미주리주 세인트조셉에서 캘리포니아주 새크라멘토까지 약 3,200킬로미터를 기수들이 릴레이 방식으로 달리며 동부와 서부를 연결했다.

　기수들의 여정은 언제나 위험했습니다. 원주민 영토 통과, 무장 강도의 습격, 악천후, 말의 부상, 길을 잃는 상황까지. 우편배달 중에 말이 쓰러지거나 도망치면 문제는 심각해졌습니다. 16~24킬로미터 간격으로 설치된 다음 교대소까지 걸어가야 했으니까요. 특히 시에라네바다산맥 구간은 눈보라와 혹한으로 악명이 높았습니다.

　업무 중 생존을 위한 무기는 개인이 준비했습니다. 당시 널리 쓰인 무기는 '콜트 1851 네이비 리볼버', '샤프스 카빈' 그리고 최신식이었던 '콜트

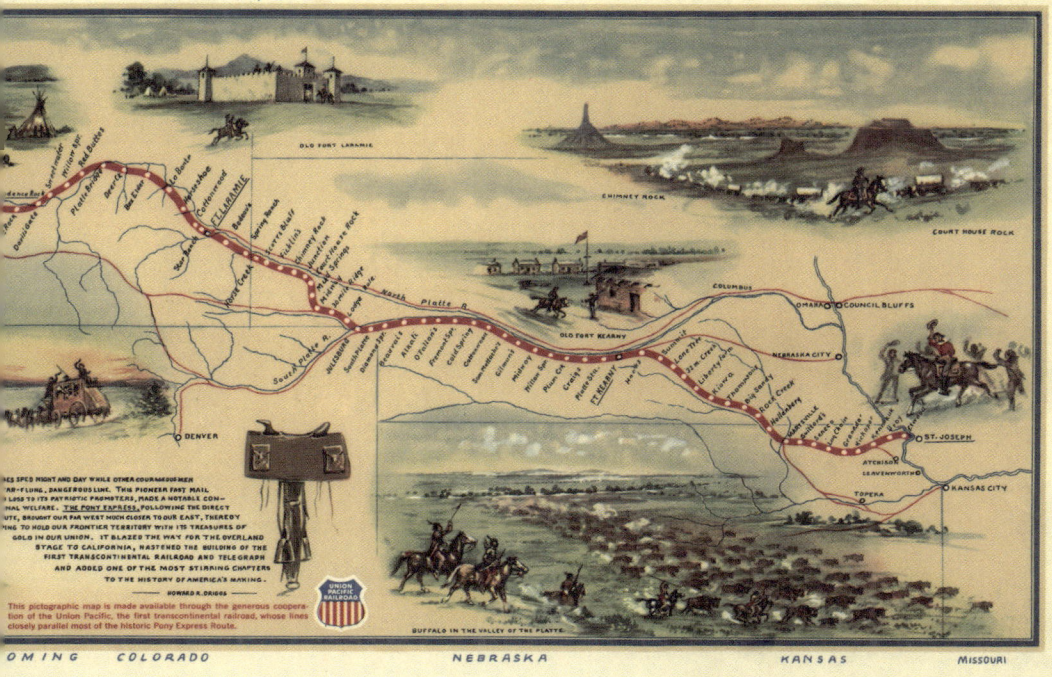

1860 아미 리볼버'였습니다. 특히 1860 아미 리볼버는 경량 강철 프레임과 긴 배럴, 44구경 탄환을 사용하는 강력한 화력의 무기로 이후 남북전쟁에서도 대량으로 사용된 상징적인 총기입니다.

　이러한 극단적으로 열악한 환경에서도 우편물만큼은 반드시 지켜야 했기에 기수들은 '모칠라'mochila라 불린 전용 우편 가방을 사용했습니다. 두꺼운 가죽으로 만들되 불필요한 장식을 제거해 최대한 가볍게 제작했습니다. 우편배달 중 말의 부담을 줄이는 것이 무엇보다 중요했으니까요.

▲ 미국 연방도로청Federal Highway Administration 제공 자료로 포니 익스프레스의 시대가 저물어 가는 순간을 상징적으로 그린 작품이다. '말(아날로그)의 시대'가 '전기(디지털)의 시대'로 넘어가는 운명의 순간을 상징적으로 묘사하고 있다.

모칠라는 말 안장 위에 씌우는 형태로 앞뒤 좌우 네 개의 잠금식 우편 주머니가 달려 있었습니다. 보안을 고려해 중요한 우편물은 모두 이 안에 보관했죠.

기수 한 명이 담당하는 우편 구간은 보통 75~100마일, 즉 120~160킬로미터였습니다. 16~24킬로미터 간격으로 설치된 교대소에 도착하면 교체할 말에 모칠라만 통째로 옮겼습니다. 교체 시간은 수십 초 이내였고 이것이 고속 운송의 핵심이었죠. 속도가 생명이었기에 기수들은 담당 구간을 쉬지 않고 달리는 것이 원칙이었으며 중간 정지는 허용되지 않았습니다. 물론 극단적인 상황에서는 예외도 있었겠죠. 식사와 휴식은 교대소에서 이루어졌고 잠도 짧게 잤지만 배달 중에는 말린 고기와 과일, 건빵,

견과류를 먹으며 허기를 달랬습니다. 특히 커피는 서부 개척자들에게 필수품에 가까운 음료였죠.

안타깝게도 포니 익스프레스는 출범 당시부터 그 운명이 정해진 사업이었습니다. 이미 미국 동부에서는 전신 기술이 빠른 속도로 확산되었고 포니 익스프레스는 동부와 서부를 긴급하게 연결해야 한다는 필요 속에서 등장한 임시 수단, 즉 전형적인 과도기적 통신망이었죠. 말이 아무리 빨리 달려도 전선을 타고 흐르는 전류의 속도와 기술 혁신이라는 거대한 흐름 앞에서 지속되기는 어려웠습니다.

1861년 10월 24일 포니 익스프레스는 마지막 우편배달을 마치며 공식적으로 운영을 종료했습니다. 서비스 기간은 불과 18개월. 전신이 대륙을 연결하는 순간, 말보다 빠른 통신 시대가 시작되었고 기수들의 시대는 조용히 막을 내렸습니다.

포니 익스프레스 교대소 ●┈┈┈┈┈┈┈┈┈┈┈┈
약 10~15마일 간격으로 설치된 말 교체
및 휴식 지점. 기수들은 이곳에서 신속히
말을 갈아타며 릴레이 방식으로 우편물을
전달했다. 교대소는 단순한 쉼터가 아니
라 시간과 속도를 유지하기 위한 '물류 시
스템의 거점'이었다.

교대소 근무자 ●┈┈┈┈┈┈┈┈┈┈┈┈
겉보기에는 안정된 직업처럼 보이지만 교
대소 근무자는 매우 위험한 역할을 맡았
다. 외딴 지역에 고립된 채 말과 보급을
관리하며 강도, 무장 집단, 원주민과의 충
돌 위험에도 상시 노출됐다. 보급이 끊기
거나 공격받으면 지원 없이 버텨야 했고
생존 위험은 기수 못지않게 컸다. 1860
년 5월 윌리엄스 교대소 습격 사건은 이
러한 현실을 단적으로 보여 준다.

더치 오븐

서부 개척시대의 필수 조리 도구. 두꺼운 주철로 만들어 불 위에 걸거나 숯을 위아래로 올려 음식을 굽고 끓이는 데 사용했다. 취사 마차와 교대소에서 흔히 쓰였으며 스튜, 콩요리, 빵 등 장거리 이동용 음식을 만드는 핵심 장비였다.

커피

카우보이와 포니 익스프레스 기수들에게 연료에 가까운 음료였다. 굵게 간 커피를 물에 그대로 끓이는 방식boiled coffee이 일반적이었으며 맛보다는 각성과 피로 해소가 더 중요했다. 장시간 이동과 야간 근무, 잦은 경계 상황 속에서 커피는 생존을 위한 필수품에 가까웠다.

공장 노동자의 발끝에서
시작된 국민 스포츠

: 실력으로 증명하는 '프로 시대'의 서막

배경 연도

19세기 후반 영국 산업혁명 절정기

진흙탕을 누비던 노동자들이
명문 구단의 시작일 줄
누가 알았을까요?

—

맨체스터 유나이티드. 2025년 기준 구단의 가치는 약 60억 달러(약 8조 2,000억 원)에 달하며 프리미어리그 시청률 1위를 기록하고 전 세계 SNS 팔로워 수 역시 수억 명에 이릅니다. 글로벌 기업들은 이 구단의 유니폼에 로고를 올리기 위해 경쟁하고, 단 한 명의 선수 이적만으로 전 세계 미디어가 요동치는 세계에서 가장 높은 가치를 지닌 스포츠 구단 중 하나입니다.

이 구단의 시작은 놀라울 만큼 소박했습니다. 1878년 랭커셔-요크셔 철도회사 직원들이 만든 사내 동호회가 맨체스터 유나이티드의 시작이었습니다. 축구공은 낡았고 경기장에는 잔디 대신 진흙이 깔려 있었으며 유니폼은 사비로 마련해야 했습니다. 야근을 마친 뒤 남은 힘으로 공을 차던 이들이 오늘날에는 수백억, 수천억 원의 가치를 지닌 프로 축구 선수들로 구성된 거대 구단으로 성장한 것입니다.

공장 노동자에서 그라운드의 주인공으로, 아마추어의 탄생

19세기 후반 영국은 산업혁명의 절정기였고 도시로 이주한 노동계급이 폭증하면서 새로운 여가 문화가 등장하기 시작했습니다. 노동법이 제정되면서 '주 6일 근무'와 '일요일 휴무'가 정착되었고, 하루 12시간에 달하던 노동시간도 10시간으로 서서히 단축되었죠. 이로 인해 시간 여유가 생기자 노동계급이 퇴근 후와 주말에 즐길 수 있는 스포츠가 필요했습니다. 축구는 그 요구에 정확히 부합했고 노동자들의 일상 속 여가이자 지역사회의 결속을 강화하는 대표적인 활동으로 자리 잡았습니다. 철도 회사, 광산, 조선소, 군부대, 경찰서, 교회, 학교 등 어느 조직에서든 축구팀이 결성되던 시대였죠.

노동자들이 선택한 스포츠가 왜 하필 축구였을까요? 축구는 공 하나면 됐거든요. 당시 축구는 아직 거대한 스포츠 산업으로 성장하기 전의 태동기이자 과도기였으나 노동자들에게 축구팀은 스포츠팀 이상의 의미였습니다. 랭커셔−요크셔 철도회사 직원들이 만든 팀 '뉴턴 히스'Newton Heath LYR F.C.(오늘날 맨체스터 유나이티드의 전신)처럼 노동자들은 하루 10~12시간씩 같이 고생하는 동료들과 공을 차며 '우리 팀'이라는 강력한 연대감을 느꼈습니다. 우리 공장 팀이 옆 공장 팀을 이기는 것은 곧 우리 마을의 승리였습니다. 상업화되기 전의 아마추어 정신amateurism과 지역공동체 문화가 여전히 강하게 유지되던 시기였죠.

여기서 말하는 '아마추어'는 오늘날 우리가 떠올리는 의미와는 조금 다릅니다. '아마추어'라는 말은 대개 실력이 서툰 사람이라는 부정적인 뉘앙스로 쓰일 때가 많죠. 그러나 19세기 영국 축구의 맥락에서 아마추어 정신은 그 의미가 훨씬 깊고 사회학적 배경을 담고 있습니다.

본래 아마추어의 어원은 라틴어 아마토르amator(사랑하는 사람)에서 왔습니다. 즉, 축구가 생업(돈벌이)이 아니라 '축구 자체를 사랑해서 즐기는 사람'이라는 뜻입니다. 비슷한 맥락에서 19세기 영국 상류층(젠틀맨)에게

템스강의 장어

19세기 런던 템스강은 산업 폐수와 오물로 범벅이 된 죽음의 강이었다. 많은 어종이 자취를 감췄지만 장어만큼은 끈질기게 살아남아 가장 흔하게 잡히는 값싼 식재료가 됐다. 고기가 비싸서 못 먹던 빈민들에게 장어는 귀중한 단백질 공급원이었다. 주로 끓는 물에 장어를 삶은 뒤 식혀서 굳힌 장어 젤리나 파이 속 재료로 넣어 먹었다. 장어를 젤리 형태로 만든 것은 음식을 실온에서 오랜 기간 보존하기 위한 고육지책이었다.

템스강

19세기 런던을 움직인 산업의 동맥. 이 시기 템스강은 런던 경제를 지탱하는 거대한 물류 통로였다. 석탄, 목재, 곡물, 식료품이 강과 항만 도크를 따라 끊임없이 오갔고 수많은 노동자 하역, 운송, 창고 작업에 종사하며 생계를 이어 갔다.

점토 파이프

담배를 피우는 도구가 나무 파이프만 있었던 것은 아니다. 값싼 점토 파이프는 런던 노동자들이 흔히 사용하던 대량 생산품이었고, 특히 항만 도크 노동자들 사이에서 점토 담배는 일상적인 기호품이었다. 파이프는 깨지면 버려야 하는 사실상 소모품에 더 가까웠다.

피시 앤드 칩스

19세기 영국은 철도의 발달로 생선이 내륙까지 빠르게 운반되면서 뜨겁고 저렴하게 배를 채울 수 있는 대중 음식이 퍼졌다. 대표적인 것이 '피시 앤드 칩스'로 버려진 신문지에 생선튀김과 감자튀김을 포장한 음식이었다. 하루 종일 고된 노동을 견뎌야 했던 노동자들에게 피시 앤드 칩스는 당장 쓰러지지 않게 해주는 고지방·고단백 연료와 같은 음식이었다.

스포츠는 인격 수양의 수단이었습니다. '돈을 받고 경기를 뛰는 것은 숭고한 스포츠 정신을 더럽히는 비겁한 행위'라고 생각했죠.

귀족의 게임이 모두의 스포츠가 되기까지

19세기 영국 축구는 상류층 퍼블릭 스쿨public school 출신 젠틀맨gentlemen 들의 고상한 여가 문화로 시작되었습니다(퍼블릭 스쿨은 이름만 '공립'일 뿐 상류층 자제들이 그들만의 리그를 공고히 하던 사립 기숙학교였습니다. 젠틀맨은 노동하지 않아도 될 만큼 부와 시간을 갖춘 상급계급을 뜻합니다). 현대 축구의 규칙 또한 퍼블릭 스쿨 출신의 FA 창립 멤버들에 의해 제정되었죠. 젠틀맨 출신 청년들은 전술과 경기 방식부터 어떻게 뛰어야 승리하는지, 무엇을 하면 안 되는지까지 그 누구보다 잘 알고 있었습니다. 그들은 어린 시절부터 학교에서 조직적으로 축구를 배우고 자본과 시간 여유까지 갖춰 축구 연습에 전념할 수 있었습니다.

반면 노동자들은 하루 10~12시간을 공장에서 일하고 남은 체력으로 경기에 나섰기 때문에 체력, 휴식, 경기 기량, 장비 등 모든 면에서 이들에게 뒤처질 수밖에 없었죠. 신체적 조건 역시 충분한 영양을 공급받은 귀족 및 지주계급 자제들과 그렇지 못한 노동자 계급 사이에는 피지컬 차이가 날 수밖에 없었습니다. 오늘날로 비유하면 유기농 닭가슴살을 챙겨 먹으며 주말마다 개인 트레이너에게 PT를 받는 재벌 2세와 편의점 야간 아르바이트를 마치고 새벽에 공을 차러 나온 취준생이 시합하는 상황과 비슷합니다.

하지만 규칙만 협회FA, the fathe football association가 만들었을 뿐 본질적으로 장비나 공간의 제약이 거의 없는 경기였습니다. 축구공 하나만 있으면 어디서든 즐길 수 있었고 이는 노동계급에게 매우 이상적인 조건이었죠.

당대의 또 다른 인기 스포츠였던 럭비는 축구와 달리 규칙이 복잡하고 공 자체도 고가였으며 격렬한 몸싸움이 경기의 핵심이었습니다. 몸이 곧 생계 수단이었던 노동자들에게 럭비의 부상 위험은 너무나도 치명적이었죠. 젠틀맨 계층은 다치더라도 자비로 치료하고 회복할 수 있는 시간 여유가 있었지만 노동자들은 부상을 당하면 곧바로 생계를 잃을 위험에 놓여 있었습니다. 상대적으로 신체 접촉이 적고 장비나 공간의 제약이 적은 축구는 노동자들이 가장 쉽게 접근할 수 있는 스포츠가 되었고 산업도시를 중심으로 빠르게 대중화되었습니다.

오늘날처럼 19세기에도 축구 경기의 열기는 가히 폭발적이었습니다. 1870년대 후반부터 1880년대 초반까지 북부 지방에서 열렸던 더비Derby (같은 지역이나 도시에 속한 팀끼리 맞붙는 경기)는 관중이 수천 명에서 수만 명까지 몰리는 경우도 있었죠.

축구 열기가 전국을 뒤덮었던 그 시절, 고향 팀을 응원하는 사람들은 먼 곳에서 열린 경기의 결과를 기다리며 하루를 보냈습니다. 영국은 이미 전국 단위의 전신망을 갖추고 있었고, FA컵을 차지하기 위한 대형 경기가 열릴 때마다 현지에서 전보를 통해 결과가 전국 각지로 퍼져 나갔습니다. 사람들은 고향 팀의 경기를 마치 현장에서 함께 지켜보는 듯한 긴장감으로 결과를 기다리곤 했습니다.

흙수저 축구팀이 쏘아 올린 프로 선수의 시대

근대 축구 초창기에는 젠틀맨 계층이 압도적인 영향력을 가지고 있었지만 시대는 분명히 변하고 있었습니다. 노동계급에서도 점차 축구에 전

목조 그랜드 스탠드 ●
지붕이 있는 목조 관중석은 대체로 부유
층과 상류층이 이용했다. 이곳의 관중들
은 정장과 실크 모자를 갖춰 입고 사교 모
임에 참석하는 듯 비교적 정적으로 경기
를 즐겼다. 급히 세운 목조 구조물이라 화
재에는 취약했지만 적어도 비를 맞으며
서 있을 필요는 없었다.

테라스 ●
지붕이 없는 입석 구역은 노동 계층의 공
간이었다. 오늘날처럼 정돈된 콘크리트
스탠드가 아니라 흙을 쌓아 만든 경사면
에 가까운 경우도 많았다. 당시에는 관중
통제라는 개념이 거의 없어서 인기 경기
가 열리면 관중들이 울타리를 넘어 터치
라인 앞까지 바짝 붙어서 관람하는 경우
도 종종 발생했다.

초기 축구는 어떤 모습이었을까?
1870년대까지는 축구에는 '패스' 개념이 거의 없었다. 공을 잡으면 혼자서 상대 진영 끝까지 돌파하
는 개인기 중심의 플레이였고, 공을 가진 선수를 향해 여러 명이 몰려드는 방식이 일반적인 양상이었
다. 초기에는 골 네트가 없어(1891년에 도입) 득점 여부를 둘러싸고 선수와 관중 사이에서 실랑이가
벌어지기도 했다. 오프사이드는 오늘날보다 훨씬 엄격해 럭비처럼 공보다 앞에 있는 모든 선수가 반
칙으로 간주되던 시기도 있었다.
당시 유행한 대형은 1-1-8 또는 2-2-6처럼 공격에 치우친 형태로, 수비수는 1~2명에 불과하고 대
부분의 선수가 전방에 배치됐다. 1880년대 들어 스코틀랜드의 '퀸즈 파크' 같은 팀들이 패스 플레이
를 선보이면서 현대 축구의 기틀이 마련됐다.

축구공
초기의 축구공은 가죽 조각(주로 소가죽)을 꿰매 만든 형태로, 내부에 동물의 방광을 넣어 공기를 채웠다. 공 입구는 가죽끈으로 단단히 묶었는데 비를 맞으면 물을 흡수해 무게가 두 배 이상 무거워지기도 했다. 끈 부위에 머리를 맞으면 이마가 찢어지는 사례도 발생했다.

유니폼
상류층 팀은 자신들이 졸업한 명문 사립학교(이튼, 하로우 등)의 상징색 줄무늬 셔츠를 주로 입었다. 당시 유니폼에는 셔츠 칼라가 달린 경우가 많았고, 긴 바지를 착용하는 것이 일반적이었다. 통일된 유니폼 개념이 자리 잡기 전이라 노동자 팀은 셔츠 색상만 맞춰 팀을 구분하는 경우가 많았다. 바지가 흘러내리지 않게 멜빵을 착용하고, 머리를 보호하고 소속감을 드러내기 위해 플랫캡을 쓴 모습도 흔했다.
축구화는 발목까지 올라오는 무거운 가죽 작업화 밑창에 쇠 징이나 가죽 조각을 박아 만들었으며 오늘날 축구화에 비하면 훨씬 투박하고 단단했다.

념하는 선수들이 등장하기 시작한 것입니다. 이는 단순히 개인의 선택이 아니라 시대의 흐름이 만들어 낸 필연적 결과였습니다. 귀족 및 지주 계층은 여전히 '고상한 아마추어 정신'을 내세우며 자신들이 우승하고 주역이 되는 스포츠를 지향했지만 현실의 축구는 이미 고상한 신사들의 이상을 감당하기엔 지나치게 거대해져 버린 상황이었습니다. 각 지역의 경기장에도 수천 명 이상의 관중이 몰렸고, 사람들은 자신의 고향 팀 경기를 직접 관람하며 응원하기 위해 기꺼이 지갑을 열었습니다.

1870년대 후반부터 블랙번Blackburn, 다웬Darwen, 프레스턴Preston 등 북부의 산업도시 팀들을 중심으로 축구를 전업으로 삼는 선수들이 몰래 생기기 시작했고, 공장주들은 이들을 적극적으로 영입하게 됩니다. 우리 지역의 자존심이 걸려 있었기에 우승은 곧 마을의 명예였습니다.

축구 실력이 뛰어난 선수가 있으면 지역 경쟁 팀이 영입을 시도하는 일은 일상이었고, 만약 시합에서 옆 동네 팀에 패배하면 씻을 수 없는 치욕으로 여겼죠. 그 결과 작은 시골 공장들조차 승리를 위해 다른 지역의 우수한 선수들을 영입하기 시작했습니다. 그러나 잉글랜드 축구협회는 축구를 아마추어 스포츠로 규정하고 선수에게 금전적 대가를 지급하는 프로 선수 행위를 명확히 금지했습니다. 규정상 선수는 경기 출전의 대가로 임금, 보너스, 현금성 혜택을 받을 수 없었고 축구는 '신사적 여가 활동'이어야 했죠.

축구협회의 눈을 속이기 위해 각 지역 공장들은 선수들을 공장 노동자나 직원으로 위장 취업시키기 시작했습니다. 이때 전업 축구 선수들의 급여 명세서에는 월급으로 정확히 명시되어 있지는 않았지만 교통비, 식사비, 고액의 보너스가 지급되었습니다. 사실상 계약금이나 주급과 다를 바

◀ **퍼거스 수터**Fergus Suter | 상류층들은 축구를
사랑, 즉 아마추어리즘 정신으로 한다고 말했지
만 노동자들은 사랑만으로는 밥을 먹을 수 없었
다. 퍼거스 수터는 돈을 받고 축구에 전념한 초
기 선수의 상징이며, 당시 모순을 가장 선명하게
보여 준 인물이었다. 축구가 취미에서 산업으로
넘어가던 전환기에 그는 초기 프로 선수의 역사
로 기억된다.

▲ **젠틀맨 팀**(올드 이토니언스) **VS 노동자 팀**(블랙번 올림픽 F.C.) | 1883년 FA컵 결승전 삽화. 양 팀 주장과 경
기장(상단 중앙)과 시합 그리고 시상식(오른쪽 하단)을 묘사하고 있다. 올드 이토니언스가 전반전에 선제골을
넣었으나 후반전에 블랙번 올림픽이 동점골, 연장전에 결승골을 넣으며 역전승을 거뒀다. 블랙번 올림픽
은 노동자 계급 출신으로는 최초로 FA컵에서 우승한 팀으로 기록되었다.

왜 창문을 벽돌로 막아 두었을까?
1696~1851년 영국에서는 창문 개수에 따라 세금을 부과하는 '창문세'window tax 가 시행됐다. 이 그림의 배경인 19세기 후기에는 창문세가 폐지됐지만 세금을 피하려고 창문을 벽돌로 막았던 흔적은 도시 풍경에 남아 있었다. (오늘날에도 영국의 오래된 건물에서 그 흔적을 볼 수 있다.)

전보 중계
라디오나 텔레비전 중계가 없던 시절 원정 경기 소식은 전보를 통해 전해졌다. 도시의 펍과 광장에서는 도착한 전보 내용을 칠판에 적어 공유했고, 사람들은 그 앞에 모여 경기 결과를 숨죽여 기다렸다.

지역 라이벌전 승리의 의미
축구는 지역 공동체의 자존심과 생존이 맞부딪히는 무대였다. 인접한 마을 간의 경기는 "우리 동네가 더 낫다"는 것을 증명하는 자리였다. 이러한 라이벌 관계는 같은 산업을 둘러싼 경쟁, 공장이나 항구의 이권 다툼, 오염된 강을 사이에 둔 갈등, 일자리와 임금 문제 등 현실적인 문제들이 그대로 축구장 위로 옮겨 온 것이다.

없는 보상이었죠.

협회는 축구의 프로화를 노동계급의 천박한 상업주의라며 반발했지만 대세는 막을 수 없었습니다. 1883년 FA컵 결승, 노동자 팀인 블랙번 올림픽이 귀족 명문팀 올드 이토니언스Old Etonians(축구의 규칙을 정하고 축구협회 주축 간부를 구성하고 있던 팀)를 꺾고 우승한 사건은 영국 축구 역사에서 하나의 상징적인 전환점으로 기록되었죠. 이 경기는 단순한 스포츠의 승패를 넘어 귀족이 주도하던 아마추어 시대가 저물고 노동계급이 축구의 주도권을 쥐게 된 결정적 계기로 평가받습니다.

19세기 후반 산업혁명기 노동자들의 조촐한 사내 동호회로 시작된 축구는 이제 전 세계가 주목하는 초거대 산업이 되었습니다. 과거에는 야근 뒤 지친 몸으로 진흙 땅에서 공을 찼던 사람들이었지만 오늘날에는 주급만으로 한 달에 슈퍼카 몇 대를 사고도 남는 선수들이 뛰는 시대입니다.

오늘날에도 축구 시합은 전 세계 어디서나 열리고 있습니다. 리우데자네이루의 빈민가에서도, 이스탄불의 공장 지대에서도, 서울의 중학교 운동장에서도. 축구공 하나만 있다면 누군가의 발끝에서도 경기는 시작됩니다. 그곳에는 계약서도 중계권료도 없으며 그저 이기고 싶은 마음과 공을 향한 본능적인 질주만 남아 있을 뿐이죠.

축구는 변했습니다. 산업이 되었고 자본이 되었고 권력이 되었습니다. 그러나 공 하나를 향해 달려드는 열정만큼은 예나 지금이나 크게 다르지 않습니다. 축구는 그 시작처럼 여전히 가장 적은 것으로 가장 큰 기쁨을 줄 수 있는 스포츠입니다.

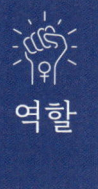

역할

세계대전 속
대체 인력의 힘

: 전쟁과 여성의 권리

배경 연도

1914년 제1차 세계대전~1945년 제2차 세계대전

여성들이 사회를
직접 움직여 본 순간,
역사는 되돌릴 수 없게 됐습니다.

어느 날 갑자기 회사 인력의 절반이 사라졌다고 가정해 볼까요? 팀장도, 과장도, 대리도 없습니다. 남아 있는 직원으로는 도저히 업무가 정상적으로 돌아가지 않아요. 결국 평소에는 '보조 인력'이라고 불리던 사람들이 기획을 맡고 결정을 내리며 책임까지 떠안게 됩니다. 문제는 그다음입니다. 사라졌던 사람들이 모두 복귀했을 때 과연 그들의 자리는 예전 그대로 유지될 수 있을까요?

제1차 세계대전은 이 질문을 개인이 아니라 사회 전체가 처음으로 마주한 사건이었습니다. 남성들이 전쟁터로 떠나면서 공장, 병원, 사무실 등 빈자리를 메운 '대체 인력'의 정체는 지금까지 한 번도 사회 운영의 주체로 인정받지 못했던 존재, 바로 여성이었습니다. 그렇다면 전쟁 이전에 여성들은 사회에서 어떤 위치에 놓여 있었을까요?

필요했지만 환영받지 못했던 사람들

20세기 초 여성은 사회의 구성원이었지만 시민으로 대우받지는 못했습니다. 법적·사회적 지위는 2등 시민에 가까웠고 대부분의 국가에서 여성에게는 투표권조차 주어지지 않았습니다. 결혼한 여성은 법적으로 남

▲ **여성 참정권 운동 서프러제트**Suffragette | 1903~1914년 제1차 세계대전 이전 영국에서 전개된 여성 참정권 운동. 여성들은 '우리에게도 투표할 권리가 있다'라는 사실을 알리기 위해 거리 시위와 공개 연설에 나섰고 투옥조차 마다하지 않았다. 이는 당시 사회에 큰 충격을 안긴 사건이었다.

편의 보호와 관리 아래 놓였으며, 교육을 받는 일 자체가 예외였고 전문직은 애초에 여성의 선택지에 포함되지 않았습니다. 여성의 역할은 가정과 양육이라는 이데올로기로 단단하게 규정돼 있었죠. 이전까지 여성 참정권 운동이 전혀 없었던 것은 아니지만 여성은 어디까지나 사회의 부속품이었을 뿐 결정을 내리는 주체는 아니었습니다.

그러나 1914년 제1차 세계대전이 발발하면서 상황이 근본적으로 달라집니다. 제1차 세계대전은 흔히 '총력전의 시작'으로 불립니다. 총력전이란 군인만 전쟁에 참여하는 것이 아니라 국가 전체가 동원되는 형태의 전쟁을 뜻하죠. 전선에서는 병사가 싸우고 후방에서는 공장에서 무기를 생산하며, 농촌은 식량을 공급하고, 행정·금융·언론까지 전쟁을 치르기 위한 체계로 재편됩니다.

이런 이유로 제1차 세계대전은 인류가 처음으로 경험한 '완전한 산업형 살육'이었습니다. 전선에서는 하루에도 수천 명에서 수만 명이 사망했고 기관총과 대포, 독가스는 인간을 더 이상 전투의 주체가 아닌 소모 가능한 전쟁 자원으로 만들어 버렸죠. 전쟁이 계속되는 동안 '싸우지 않는 사람'이라는 개념은 사실상 사라졌습니다. 제1차 세계대전이 참혹했던 이유는 단지 희생자가 많았기 때문이 아니라 사회 전체가 하나의 전쟁 기계로 전환되었기 때문입니다.

　전쟁이 만들어 낸 가장 결정적인 변화는 노동의 공백이었습니다. 수천만 명의 남성이 징집되면서 공장, 철도, 우편과 행정 조직 곳곳에 치명적인 인력 부족이 발생했고 그 자리를 누군가가 반드시 메워야 했습니다. 그 대체 인력이 바로 여성이었죠. 여성들은 탄약을 만들고, 열차를 운행하고, 사무실을 운영하며, 병원을 지탱하기 시작합니다. 중요한 점은 '여성도 참여했다'라는 사실이 아니라 이들 없이는 사회가 더 이상 작동할 수 없게 되었다는 사실이었죠.

　그렇다면 제1차 세계대전이 끝난 뒤 사회는 곧바로 남녀평등으로 나아갔을까요? 현실은 그렇게 간단하지 않았습니다. 전후 복귀 정책의 우선순위는 대체로 귀환 병사의 일자리 복원에 맞춰졌고, 그 결과 여성 노동자들은 대규모로 해고를 당합니다. 여성은 다시 임시적인 대체 인력으로 취급되었고 남성과 여성의 임금 격차 역시 그대로 유지되었습니다. 전쟁이 끝난 뒤 여성들에게 돌아온 건 인정이 아니라 차가운 사회적 압력이었습니다.

　　"이제 집으로 돌아가라."

전쟁이 바꾼 여성들의 자기 인식

　제1차 세계대전 동안 여성들은 국가와 사회가 실제로 어떻게 굴러가는지를 처음으로 경험하고 직접 운영해 보았습니다. 생존과 생산의 현장에서 사회가 자신들의 노동 없이는 유지될 수 없다는 사실을 몸으로 확인했습니다. 이 경험은 여성들의 자기 인식을 근본적으로 바꾸어 놓았습니다.

이후 여성운동은 더 이상 이론적 권리 주장이나 도덕적 호소가 아니라 이미 해냈다는 현실 경험을 근거로 한 정당한 요구로 전환되죠. 그 결과 여러 국가에서 여성 참정권이 역사상 처음으로 제도화되기 시작했습니다.

1918년 영국은 일정 재산 요건을 충족한 30세 이상 여성에게 투표권을 부여합니다. 1920년 미국은 수정헌법 제19조를 통해 여성 참정권을 헌법에 명시하죠. 독일과 오스트리아 역시 전후 혼란 속에서 여성의 투표권을 인정합니다.

이미 눈치챘겠지만 참정권은 보편적 권리라기보다 '조건부 보상'의 성격이 강했으며 전후 사회 불안을 진정시키기 위한 정치적 계산에 가까웠습니다. 그럼에도 불구하고 지워지지 않은 것이 하나 있었죠. 바로 '경험'입니다. 한 번 사회를 운영해 본 여성들의 기억은 지울 수 없었습니다.

제1차 세계대전 이후 여성 투표권에 대한 각국의 상황

영국	1918년: 30세 이상, 일정 재산 요건을 갖춘 여성에게 제한적 투표권 부여 1928년: 남성과 완전 평등한 참정권 획득
독일	1918년: 11월 혁명 직후 여성 참정권 도입
미국	1920년: 수정헌법 제19조 비준으로 여성 참정권 인정
기타	오스트리아, 네덜란드 등 전후 빠르게 확대 추세

시간이 흘러 20여 년 뒤 다시 전쟁이 시작됩니다. 1939년에 발발한 제2차 세계대전은 제1차 세계대전보다 훨씬 길었고, 더 많은 자원을 요구했으며, 더 깊숙이 사회와 일상 속으로 파고들었죠. 제1차 세계대전이 여성에게 '한 번 해본 경험'이었다면 제2차 세계대전은 그 경험이 체계적으로

반복된 전쟁이었습니다. 이번에는 우연도, 누군가의 임시방편도 아니었습니다. 국가도 처음부터 여성을 총력전 수행의 한 축으로 계산했죠.

▲ 전시 여성 노동 동원의 상징이 된 '로지 더 리베터'

미국과 영국을 비롯한 연합국은 전면적인 전시 총동원 체제에 돌입합니다. 그리고 그 상징이 바로 팔뚝의 근육을 드러내며 "우리는 할 수 있다!"We Can Do It! 라고 외치는 로지 더 리베터Rosie the Riveter 였습니다.

이 포스터가 의미하는 것은 여성의 노동 독려가 아니었습니다. 여성을 전시 체제의 보조 인력이 아니라 전쟁을 떠받치는 한 축으로 공식 호출한 선언이었습니다. 여성들은 중공업의 핵심 노동력으로 편입되었고 전차, 항공기, 군함, 탄약 같은 전쟁의 물리적 토대까지 여성의 손을 거쳐 생산되기 시작합니다. 군 내부에서도 여성 보조 부대가 창설되고 간호 업무를 넘어 통신, 기상 관측, 행정, 수송 등 전투 수행을 직접적으로 뒷받침하는 군사 지원 업무를 수행했습니다. 여성은 더 이상 전쟁의 주변부에 있지 않고 국가의 시스템 안으로 편입되었습니다.

그러나 1945년 제2차 세계대전이 끝나자 많은 여성은 다시 가정으로 돌아가야 했습니다. 제2차 세계대전 역시 완전한 양성평등을 가져오지는 못했고 사회는 빠르게 전시 이전의 질서를 복원하려 했습니다. 그럼에도 불구하고 한 가지 변화만큼은 되돌릴 수 없었죠. 두 차례의 세계대전을

액체 스타킹liquid stockings
미국 정부가 민간용 나일론 생산을 중단하고 이를 군수물자로 우선 배정하면서 스타킹은 시중에서 자취를 감췄다. 그 대체품으로 등장한 것이 다리에 직접 발라 스타킹을 신은 것처럼 보이게 하는 '액체 스타킹'이었다.

제2차 세계대전 당시 여성들이 다리에 액체 스타킹을 바르고 가짜 봉제선까지 그려 가며 스타킹을 신은 것처럼 보이게 연출한 이유는 단순한 허영 때문만은 아니었다. 당시에는 맨다리가 예의 없고 단정하지 못한 차림으로 여겨졌기 때문이다. 특히 직장 여성, 군수공장 노동자를 포함한 많은 여성이 외모 규범에서 자유롭지 못했다. 전시 상에서도 '여성다움'과 '단정함'을 유지하라는 사회적 압박은 여전히 강하게 작용했다. 그래서 여성들은 스타킹이 없다면 그려서라도 입어야 했다.

여성 군수공장 노동자
제2차 세계대전 동안 여성들은 군수공장에 대거 투입되어 비행기, 탄약, 차량 생산을 담당했다. 전쟁은 여성들에게 새로운 노동의 문을 열어 주었지만 성 역할에 대한 인식과 외모 규범까지 바꾸지는 못했다.

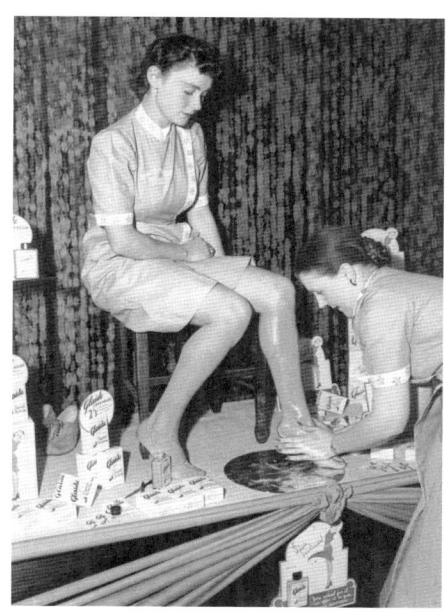

◀ **액체 스타킹** | 스타킹처럼 보이도록 베이지색 액체를 다리에 발랐는데, 미용실에서 그려 주기도 했고 집에서 직접 그리는 사람도 많았다. 특히 다리 뒷면에 자로 잰듯한 검은색 봉제선을 그려넣는것이 고 난이도의 기술이었다.

거치며 여성들은 자신의 손으로 돈을 벌고 사회가 자신들의 노동에 의존하는 경험을 해버렸기 때문입니다.

다시 시간은 흘러 1960년. 제2세대 여성운동이 폭발합니다. 이번에 여성들이 내세운 것은 '이론적으로 평등해야 한다'가 아니라 '우리는 이미 그 사회를 살아 봤다'라는 강력한 당위성이었죠. 누군가의 빈자리를 채우던 대체 인력이 사회를 움직이는 주체임을 스스로 증명해낸 순간, 역사의 앞날은 이미 뒤집혀 있었습니다.

제2장

일상과 욕망

: 먹고 향유하고 살아가는 방식

로마의 공중화장실은
사교의 광장이었다

: 소셜 네트워킹이 시작된 의외의 장소

배경 연도

기원전 1세기~기원후 2세기 고대 로마시대

로그인 대신 착석!
로마인들이 변기에 앉아
소셜 네트워킹을 즐긴 이유는?

화장실에서 친구를 마주치면 괜히 목소리를 낮추게 됩니다. "야, 들었어?" 같은 은밀한 이야기는 대개 이 좁은 공간에서 시작되죠. 성인이 되어서도 비슷합니다. 회식 자리에서 잠깐 빠져나와 사적인 정보가 오가는 장소 역시 화장실이니까요.

그런데 이 풍경이 2,000여 년 전 로마에서는 전혀 달랐습니다. 로마인들은 속삭이거나 칸막이 뒤에 숨지 않았죠. 대신 변기에 나란히 앉아 어깨를 맞대고 공개적으로, 아무렇지 않게 이야기를 나눴습니다.

로마제국의 수다가 흐르던 곳

고대 로마제국. 화려한 건축물과 군사적 업적만이 이들의 전부는 아니죠. 로마인들의 혁신적이고 진보적인 위생 관념의 정수를 보여 주는 공중화장실은 로마의 유산 중에서도 손꼽히는 걸작이라 할 수 있습니다. 물론이 '위생적'이라는 기준은 어디까지나 당대의 기준으로 봐야 합니다. 오늘날의 관점에서 본다면 결코 청결하다고 말할 수는 없죠.

기원전 6세기경 로마인들이 사용했던 공중화장실 '라트리나'latrina와 하수도 체계는 고대 도시 위생 인프라의 대표적인 사례였습니다. '라트리나'

는 라틴어로 '씻어내는 곳'을 뜻합니다. 로마인들에게 공중화장실은 단순한 배설 공간이 아니라 흐르는 물로 오물을 처리해 도시의 청결을 유지하는 공공시설이었죠. 그러나 현대인의 관점에서 보면 불결하고 비효율적인 요소 또한 적지 않았습니다. 그리고 그곳은 우리가 상상하는 '개인의 사적인 공간'이 아니었습니다. 오히려 로마의 화장실은 개방적이었으며 기술과 사회가 만나는 공공의 무대였죠.

사방에 칸막이가 있는 오늘날의 공중화장실과 달리 로마시대의 공중화장실은 길다란 대리석 벤치 형태로 만들어졌습니다. 벤치 표면에는 일정 간격으로 둥근 구멍이 뚫려 있었고 당연히 칸막이는 없었습니다. 이 구멍 아래로 오물이 자동으로 흘러내려 가도록 설계되어 있었죠. 이는 '클로아카 막시마'Cloaca Maxima라고 불리는 대형 하수도 시스템으로 도시 전체의 오물이 하수구를 통해 테베레강으로 배출되도록 설계되었습니다.

놀랍게도 당시 로마 화장실은 오늘날처럼 엄격하게 성별을 구분하지 않았습니다. 이는 프라이버시에 대한 인식 자체가 오늘날과 사뭇 달랐기 때문입니다. 공공장소에서의 신체 노출에 대한 사회적 기준도 훨씬 관대했죠. 그만큼 남녀가 한 공간을 공유하는 풍경 역시 로마인들에게 그리 어색한 일이 아니었습니다.

일이 끝난 후 뒤처리를 할 때는 매우 독특한 물건을 사용했는데 바로 '테르소리움'tersorium이라고 불리는 막대기였습니다. 테르소리움은 바다에서 채취한 해면을 나무 막대기에 꽂은 물건인데 생김새만 보면 식물처럼 생겼지만 실제로는 수생 다세포 동물입니다. 해면은 흡수력이 좋고 물에 적셔 사용할 수 있어서 당시 기준으로는 상당히 실용적인 도구였습니다.

그러나 이 뒤처리 도구에는 치명적인 문제가 하나 있었는데, 일회용도

▲ 테르소리움

▲ 서대서양 및 카리브해 자생종 '노란관해면'aplysina fistula

개인용도 아닌 공용이라는 점입니다. 앞사람이 사용 후 식초와 소금물로 헹구면 뒷사람이 그대로 사용하는, 사실상 돌려쓰는 '제국 공용 물티슈'였던 셈이죠. 오늘날 우리에게 해면은 만화 캐릭터 '스펀지 밥'으로 친숙하지만 2,000년 전 로마인들에게 이 천연 해면은 무엇보다 실용적인 생활도구였던 겁니다.

사방이 뻥 뚫린 개방형 공중화장실에서 로마인들은 볼일만 해결했을까요? 로마인들은 나란히 앉아 볼일을 보는 동안 정보를 교환하는 것을 매우 즐겼습니다. 하루 일과를 공유하거나 정치 이슈와 사회 문제를 논의하는 건 일상다반사였죠.

싸는 자여, 재앙을 조심하라
CACATOR CAVE MALVM

폼페이에서 발견된 고대 로마의 낙서로
화장실을 이용할 때 불행을 조심하라는
뜻이다. 로마의 하수도는 오늘날처럼 완
벽하게 정비된 구조가 아니었다. 하수구
구멍을 통해 쥐나 뱀이 기어 올라와 사람
을 무는 사고가 종종 발생하기도 했다.
또한 로마인들은 화장실에 부정한 기운이
숨어 있다가 사람이 볼일을 보는 가장 무
방비한 순간에 덮친다고 믿기도 했다. 그
래서 이런 경고문을 써 붙이거나 행운의
여신 포르투나Fortuna의 그림을 그려 넣
어 나쁜 기운을 정화하려고 했다.

지중해에서 건져 올린 해면은 바다에 사
는 수생 다세포 동물로 말 그대로 천연 스
펀지였다. 말리면 딱딱하지만 물에 적시
면 매우 부드러워지는 것이 특징이다. 오
늘날 사용하는 합성 스펀지는 이 천연 해
면을 대신해 인공 재료로 만든 제품이다.

청결 수로
바닥을 따라 흐르는 이 좁은 수로는 테르
소리움을 헹구기 위한 용도였다. 사용한
테르소리움은 수로에서 세척하여 다음 사
람을 위해 항아리에 꽂아 두거나 옆 사람
에게 건네주었다.

테르소리움

막대 끝에 해면을 단 로마식 공용 위생 도구. 당연히 개인 위생 도구가 아니었기에 다른 사람이 사용한 것을 돌려 가며 사용했다. 청결을 위해 식초물이나 소금물에 헹궜다는 이야기도 전해진다.

사용된 테르소리움은 보관용 항아리(암포라)에 꽂아 두었다.

변기

다수가 나란히 앉는 개방형 구조·대리석 또는 나무로 만들어진 긴 벤치에 여러 개의 구멍이 뚫려 있어 다수가 나란히 앉아 사용하는 구조였다. 용변을 씻어 내는 하수구와 연결되어 있었다.

로마 화장실에서 탄생한 황제의 명언

라틴어에는 공중화장실, 좀 더 정확히 말하면 소변과 관련된 흥미로운 일화에서 비롯된 속담이 하나 있습니다.

"돈에서는 냄새가 나지 않는다." Pecunia non olet.

로마시대에는 공중화장실에서 소변을 수집해 가죽을 무두질하거나 세탁에 필요한 암모니아를 얻기 위한 원료로 사용했습니다. 소변은 직물염색업자나 가죽 세공인, 세탁업자 같은 사람들에게 생업과 직결된 매우 귀중한 자원이었습니다. 자신들의 공방인 플로니카plonica로 가져가 여러 가지 천연 재료들을 섞어 직물이나 가축을 가공했습니다.

특히 소변의 암모니아 성분이 양털의 기름기를 제거하고 표백하는 데 탁월한 성능을 발휘했죠. 당연한 말이지만 당시 소변은 전부 무료였습니다. 공중화장실에서 수집하면 되는 것이기 때문에 필요한 비용은 소변을 모아서 가져가는 인력을 고용하거나 보관 용기를 마련하는 정도였습니다.

수집한 소변은 별도의 가공 없이 바로 세척이나 무두질에 사용할 수 있었기 때문에 비용 부담 없이 저렴하게 필요한 자원을 확보할 수 있었죠. 이는 로마의 세탁업자나 무두질업자들이 공공 자원인 소변을 쉽게 얻어 사용할 수 있도록 한 구조였으며, 이로 인해 관련 산업이 더욱 활성화될 수 있었습니다.

이런 상황에서 착안해 로마 황제 베스파시아누스Vespasianus는 로마제국의 재정난을 해결하기 위해 '소변세'vectigal urinae를 부과합니다. 공중화장실에서 수집한 소변을 이용하던 세탁업자와 무두질업자들에게 세금을 부과

함으로써 제국에 필요한 추가 수익을 창출하려 했습니다. 당시에는 다소 파격적인 발상이었지만 베스파시아누스는 세금 수입을 위해 기존의 고정관념을 깨고 실용성을 택했던 것이죠.

소변세는 너무나도 혁명적이고 독창적이면서 급진적인 발상이었기에 많은 사람들의 불만을 샀습니다. 특히 베스파시아누스의 아들인 티투스도 소변세에 불만을 표했습니다. 더럽고 악취 나는 것에까지 세금을 부과하는 것은 부적절하다는 논리로 아버지를 설득하려고 했죠. 이때 황제는 아들에게 동전을 보여 주며 유명한 말을 남겼습니다.

"그런데 이 돈은 소변에서 나온 것이란다."Atqui, e lotio est.

— 수에토니우스, 《황제전》De Vita Caesarum

이는 소변세가 국가 재정에 기여하는 중요한 수익원이었기 때문에 돈의 출처는 중요하지 않다는 로마 황제의 실용적인 사고를 보여 주는 상징적인 일화로 전해집니다.

이처럼 로마시대에 화장실이라는 공간은 단순한 배설의 장소를 넘어그 시대와 인간의 행동을 들여다보는 창이 되기도 했습니다. 가만히 생각해 보면 우리도 로마인처럼 화장실 변기 위에서 스마트폰을 보며 카카오톡 답장을 하고, SNS를 확인하며 댓글을 달고, 사회를 비판하며, 은밀한 대화를 나눕니다. 로마인들과 다른 점이 있다면 그들은 변기 위에 앉아서로 눈을 마주쳤고 우리는 화면 속 아이콘이나 단톡방을 마주할 뿐이죠. 2,000년이 흘렀지만 인간은 여전히 같은 장소에서 생각하고 걱정하며, 때로는 온갖 음모를 꾸미고 있습니다. 그저 변기의 모양만 달라졌을 뿐이죠.

취향

죽음을 막는 향에서
사치의 향으로

: 십자군이 불러온 뜻밖의 향수 혁명

배경 연도

11~13세기 십자군 전쟁 시대

십자군의 악취 굴욕,
전 유럽을 향수에 중독시키다!

―

자, 여러분이 한여름 밤에 골목길을 걷고 있다고 상상해 봅시다. 갑자기 편의점 뒷문이 열리고 아르바이트생이 들고 나온 쓰레기봉투에서 정체를 알 수 없는 액체가 뚝뚝 떨어집니다. 우리는 본능적으로 코를 막죠. 냄새라는 것이 그렇습니다. 눈에 보이지 않지만 즉각 우리를 불쾌하게 만들고 몸이 먼저 반응하게 만들죠. 그런데 만약 그 냄새가 불쾌한 감정을 넘어 죽음의 신호라면 어떨까요?

11~13세기 지금으로부터 약 1,000년 전 십자군 전쟁 시대의 병사들 역시 똑같이 코를 막고 있었습니다. 성벽을 사이에 두고 수개월간 포위와 공격을 거듭하며 공성전攻城戰을 치른 다음 날, 해가 머리 위로 치솟자 성벽 아래의 시신들이 부풀어 올랐고 사제는 박하(민트) 잎을 으깨서 향낭에 채워 생존한 병사들의 코 밑에 문지르기 시작했습니다.

"죽음의 냄새를 덮기 위해 박하를 문질렀다."

당시에 향이란 죽음을 막기 위한 부적이었습니다.

중세판 공기청정기 '허브 향기'로 방역하던 사람들

중세의 도시는 오늘날 우리가 상상하는 '냄새 없는 공간'과는 거리가 멀었습니다. 길거리에는 생활 오물과 동물의 배설물, 썩은 물이 뒤섞여 흘렀고 바람이 불기라도 하면 악취가 골목 전체로 번져 나갔습니다. 당시 사람들은 냄새, 특히 나쁜 공기가 질병의 원인이라고 믿었습니다. 이것을 '미아스마'miasma라고 하죠.

미아스마는 고대부터 19세기 중반까지 널리 받아들여졌던 의학 이론으로 '썩은 유기물에서 발생하는 유해한 공기(독기)가 질병의 원인'이라고 보는 관점입니다. 이 이론에 따르면 콜레라, 흑사병, 말라리아 같은 감염병은 악취를 동반한 공기를 통해 전파된다고 여겨졌습니다.

이 사상의 기원은 기원전 5세기로 거슬러 올라갑니다. 그리스 학자 히포크라테스는 '질병은 부패한 공기에서 발생한다'라는 이론을 세웠습니다. 이후 2세기 갈레노스는 이것을 '체액설'Humoral Theory과 결합해 외부의 악취가 체내의 나쁜 액체를 자극해 질병이 발생한다고 설명했죠. 중세 유럽 의학은 고대 그리스와 로마 의학을 그대로 계승했기 때문에 중세인들은 자신들이 과거의 지혜를 실천한다고 믿었습니다.

이 신념 아래 사람들은 향을 피우고, 허브를 뿌리고, 허리에 향낭을 달아서 미아스마를 정화하고 오염된 공기를 신성한 상태로 되돌리는 작업을 했습니다. 이는 미신이 아니라 그 시대의 고전 지식이었으며 최첨단 의학이자 생존 본능이었습니다.

정복하러 갔다가 '냄새 판정' 받고 돌아오다

이러한 관점에서 보면 십자군 원정은 인간의 후각이 도저히 감당하기

▲ **중세의 목욕** | 중세인들이 목욕을 기피했다는 통념과 달리 11~13세기 유럽의 도시에는 공중 목욕탕이 널리 존재했다. 그러나 15세기 후기로 가면 일부 목욕탕은 남녀가 함께 술과 음식을 즐기는 유흥 공간으로 변질되기도 하며, 당대 삽화에도 벌거벗은 남녀가 같은 욕조에 들어가 식사하고 포도주를 마시는 장면이 등장한다. 목욕탕이 점차 공인된 밀회의 공간으로 인식되자 교회는 이를 부도덕의 온상으로 규정했고, 이후 매독 확산과 탄압이 겹치면서 유럽의 공중목욕 문화는 쇠퇴했다.

◀ **코덱스 마네세**Codex Manesse | 14세기 초 제작된 중세 연애 서정시(민네장Minnesang) 모음집의 한 장면이다. 쉽게 말해 역사 기록물이 아니라 오늘날로 비유하면 당대 최고의 유명인이나 스타 시인Minnesänger들의 작품과 그 주인공들의 이상적인 모습을 담아낸 화려한 중세판 연애 판타지 화보집에 가깝다.

귀족의 목욕과 시중 드는 여성

중세 사회에서는 성별보다 신분 질서가 더 중요하게 작동했으며, 물을 데우고 음식을 나르는 등 돌봄과 관련된 가사 노동은 주로 여성 시종의 몫이었다. 이러한 이유로 목욕 같은 사적인 공간에도 여성들이 자연스럽게 배치됐다. 물론 <코덱스 마네세> 삽화 속 여성들은 단순한 하녀라기보다 궁정 문화가 이상화한 환대와 아름다움의 상징으로도 볼 수 있다. 이처럼 중세 궁중 삽화는 현실의 생활상을 반영하면서도 상징적 연출을 담는 경우가 많았다.

<코덱스 마네세>(89쪽 참고)를 비롯한 중세 궁정 삽화에 등장하는 화관은 장식이 아니라 사랑, 환대, 아름다움을 상징적으로 드러내는 소품으로 볼 수 있다. 동시에 향기로운 꽃과 허브가 '좋은 공기'를 만든다고 여겼던 당대의 감각을 반영하는 요소로도 해석할 수 있다.

중세 사람들은 따뜻한 물로 목욕하면 모공이 열리는데, 이때 주변의 오염된 공기나 병균이 몸속으로 침투한다고 믿었다. 그래서 향기로운 허브를 지니거나 향료를 피워 '좋은 공기'를 가까이 두면 나쁜 공기를 막을 수 있다고 믿었다. 이러한 발상은 당시에는 일반적이었다.

어려운 극한의 여정이었습니다. 서유럽에서 출발해 중동 지역으로 원정을 떠났던 병사들은 지중해의 열기 속에서 썩어 가는 식량, 상한 물, 이질과 설사, 방치된 시신까지 마주해야 했습니다. 그러나 이 지옥 같은 미아스마의 소용돌이 속에서 십자군 병사들에게 더 큰 충격이 기다리고 있었죠. 그들은 처음으로 '내 몸에서 냄새가 난다'는 사실을 타인의 코를 통해 알게 됩니다.

당시의 십자군 병사들은 수개월에 걸친 행군과 열병, 양모로 만든 누비 갑옷 갬비슨gambeson과 속옷을 단 한 번도 세탁하지 않은 채 중동 지역에 도착하는 경우가 부지기수였죠. 유럽의 습한 공기 속에선 땀과 피, 동물성 지방, 향낭에서 풍기는 냄새가 층층이 배어 코팅된 체취는 그저 희미했지만 중동의 뜨겁고 건조한 공기에서는 마치 불이 붙은 듯 폭발적으로 퍼져 나갔습니다.

당시의 이슬람 세계에서는 목욕과 향 사용이 종교적 의무였고 향료는 하늘에서 내린 축복으로 여겨졌습니다. 현지인들은 십자군 병사들이 가까이 올 때마다 악취에 과부하가 걸린 코를 움켜쥐며 그들을 '썩은 내 나는 더러운 이교도'라고 부르기 시작했습니다.

이쯤에서 십자군 기사와 병사들의 입장을 생각해 봅시다. 그들은 자신들이야말로 그리스도교 문명의 대표자라고 여기며 더럽고 탐욕스러운 이교도들을 정복하기 위해 예루살렘으로 간다고 믿고 전쟁길에 올랐습니다. 그런데 막상 도착해 보니 오히려 악취, 즉 미아스마 판정을 받은 쪽은 바로 자신들이었던 거죠.

그들에게 나쁜 공기는 곧 병과 죽음의 전조였으니 자신들이 '죽음의 근원'으로 판정되었다는 사실은 단순한 불쾌감을 넘어 신앙과 문명 자체가

톤수라 tonsure
가톨릭 성직자들이 머리 '뚜껑을 딴' 모습
은 당시 유행이 아니라 신분 표시였다. 정
수리 부분을 원형으로 깎는 이 방식은 세
속의 욕망을 버리고 하느님께 헌신한 성
직자임을 드러내는 상징이었으며, 예수
의 가시 면류관을 떠올리게 하는 의미로
도 해석됐다.

순례자의 표식
가리비 형태를 띠는 조개껍데기는 성지를
향해 떠났거나 그곳을 다녀온 사람임을
드러내는 징표였다. 스스로를 무장한 순
례자로 여겼던 십자군들에게는 자신의 신
앙과 정체성을 드러내는 일종의 훈장과도
같은 상징이었다.

향초와 포맨더
중세인들은 질병이 나쁜 공기(미아스마)
에서 비롯된다고 믿어 향이 강한 약초를
몸에 지니거나 태워 악취를 막으려 했다.
포맨더는 향료나 약초를 담은 작은 용기
또는 향 덩어리를 뜻한다(94쪽 참고). 허
브 향으로 질병을 막을 수 있다고 여겼던
시대의 공기청정기에 가까운 물건이었다.

십자군

11~13세기 교황의 선포에 따라 성지 탈환을 이유로 동방으로 이동한 서유럽 무장 집단. 신앙뿐만 아니라 토지와 전리품 획득, 채무 유예와 법적 보호, 사회적 신분상승 등 다양한 이해관계도 얽혀 있으며 성지에서는 현지 주민과의 충돌과 약탈도 빈번했다. 이들은 자신을 '크루체시냐투스'crucesignatus(십자가 표시를 한 자)라고 불렀으나 현지 무슬림들은 이들을 통칭해 '프랑크'franks (현대 프랑스의 국명과 민족명의 뿌리)라고 불렀다.

갬비슨

두꺼운 천을 여러 겹 누벼 만든 방어복. 사슬갑옷 아래에 입어 금속 고리가 피부를 누르거나 베는 것을 막고 충격을 완화하는 역할을 했지만 물에 젖으면 무겁고 냄새가 심해 전염병과 악취를 몸에 붙여 두기도 했다.

사슬갑옷이 없는 병사들은 이것만 입고 싸우기도 했으며, 특히 경무장 병사에게는 가장 현실적인 방어 장비였다. 기사 역시 장거리 이동 시 무거운 갑옷을 계속 착용하기 어려웠기에 평상시에는 갬비슨만 착용해 기동성을 높이고 체력 소모를 줄였다.

▲ **포맨더**pomander | 16세기 독일에서 제작된 은
도금 포맨더. 향료를 넣어 몸에 지니던 장신구
로 내부가 구획된 금속 용기에 계피, 정향, 로즈
마리 등 다양한 향료를 담아 사용했다. 사슬이
나 끈에 걸어 휴대하는 형태가 일반적이었다.

뒤집히는 충격이었습니다. 물론 십
자군 병사들도 억울하고 할 말도
많았습니다. 그들도 경험과 이론을
통해 나쁜 공기가 질병의 원인 중
하나라는 사실을 충분히 인식하고
있었고 대비책으로 로즈마리, 라
벤더, 타임, 박하 같은 천연 식물을
활용해 냄새를 덮는 등 나름대로
노력을 해왔으니까요.

증류기에서 피어난 향기, 취향을 깨우고 지갑을 열다

문제는 박하로 만든 향낭이 너무나 허술하고 조악했다는 점이었습니
다. 당시 이슬람 문화권에서 정교한 첨단 증류 기술로 만든 장미수, 백단
향, 사향, 용연향 같은 고급 향유와 비교하면 유럽인들이 가져온 허브 향
낭은 당대 기준으로도 향이라고 부르기 민망한 저급품이자 정신적 위안
물에 불과했다고 볼 수 있죠.

이슬람 문화권의 향수 제조 기술은 증류법이 핵심이었습니다. 과학자
이븐 시나Ibn Sina를 비롯한 이슬람 학자들이 증기 증류법을 완성해 꽃에서
순수한 향기 오일을 추출하는 데 성공했고, 특히 장미수는 이미 대량 생
산되어 널리 유통되고 있었죠. 그 결과 십자군 귀족들과 병사들은 이 동
방의 향수에 완전히 매료됩니다.

이제 이 선진적인 향수라는 신문물은 전쟁터에서 나쁜 공기를 막는 도
구를 넘어 신의 축복과 권능을 몸에 두르는 방식이자 문명을 구분하는 상

징으로 완전히 자리 잡기 시작했습니다. 향기에 대한 인식도 생존 도구에서 사치와 문화의 상징으로 변화하게 됩니다.

이후 귀환한 십자군 병사들을 통해 선진적인 향료와 제조 기술이 유럽에 전파되었습니다. 특히 베네치아와 제노바 같은 이탈리아 도시국가는 이를 빠르게 상업화합니다. 십자군을 수송해 주는 대가로 향료 무역권을 독점했고, 이제 '향수를 통제하는 자가 곧 돈을 쥐게 된다'는 사실을 누구보다 먼저 깨닫게 됩니다.

그리고 다시 시간이 흘러 1,000년이 지난 지금, 우리는 여전히 십자군 병사와 같은 고민을 하고 있습니다. 헬스장에서 데오드란트를 사용하지 않은 사람을 마주했을 때, 엘리베이터에 누군가 삼겹살을 먹고 탔을 때, 본능적으로 숨을 참으며 마음속으로 "미아스마!"를 외칠지도 모르죠. 어쩌면 1,000년 전 생존과 위생 목적으로 박하를 문지르던 중세 유럽인들의 손끝은 오늘날 우리가 즐겨 먹는 민트초코 아이스크림 위에 그대로 이어지고 있는지도 모르겠네요.

중독

신성한 수도원에서
치열한 전쟁터까지

: 커피가 점령한 각성의 역사

(배경 연도)

13~19세기

왜 인간은 이 검은 음료에
집착하게 되었을까요?

—

아침에 눈을 뜨면 우리는 늘 같은 루틴을 반복하죠. 알람을 끄고 잠에서 깨어나 출근 준비를 하다가 무언가를 찾습니다. 바로 커피죠. 회의가 시작되기 전에 믹스커피를 한 잔 타서 들어가는 모습이나, 시험 공부를 하다가도 "역시 커피를 안 마시니 집중이 안 되네."라며 중얼거리거나, 친구에게 연애 고민을 털어놓을 때도 "일단 커피 한 잔하면서 얘기하자."라고 말하는 순간까지 커피는 빠지지 않습니다.

이처럼 우리의 일상과 감정을 교류하는 모든 날들에 늘 커피가 있습니다. 그렇다면 이토록 당연해진 커피는 언제 어떻게 우리의 일상에 들어왔을까요?

유럽을 충격에 빠뜨린 검은 음료

13세기 십자군 전쟁이 한창이던 시기, 기독교인들 사이에서 이상한 소문이 하나 떠돌았습니다. 사라센Saracen이라고 불리는 이교도들이 전투에 나서기 전에 정체불명의 '기묘한 콩'에서 추출한 걸쭉한 악마의 액체를 마신다는 이야기였습니다. 바로 커피를 지칭하는 말이었죠. (사라센은 본래 그리스어와 라틴어에서 시나이반도 일대의 유목민을 가리키던 말이었으나 증세 유럽에 이르러서는 민족 상관없이 이슬람교도를 통칭하는 용어로 사용됐습니다).

물론 이는 역사적 사실이 아니죠. 후대의 상상과 과장이 덧붙여진 이야기에 가깝습니다. 그럼에도 이 기묘한 검은 액체가 당시 유럽인들에게 처음 알려졌을 때 꽤나 충격적인 존재로 비쳤을지도 모릅니다.

이제 커피의 기원을 따라가 볼

▲ **일본의 커피 및 수입 식품 판매 프랜차이즈 칼디 |** 커피 포장지에 염소나 정체불명의 소년을 볼 수 있는 이유가 바로 이 칼디의 전설과 관계가 깊다.

까요? 가장 유명한 전설은 9세기 에티오피아의 목동 '칼디'Kaldi에 관한 이야기입니다. 칼디는 자신의 염소들이 어떤 붉은 열매를 먹고 밤새 활기차게 뛰노는 모습을 보고 자신도 그 열매를 맛보았습니다. 그러자 정신이 번쩍 들고 갑자기 에너지가 솟구치는 느낌을 받아 그 붉은 열매를 수도원에 가져갑니다. 그러나 수도자들은 쓰기만 하고 맛없는 열매라며 불에 던져 버렸는데 그 순간 열매에서 놀라운 향이 피어올랐죠. 그렇게 세계 최초의 '로스팅 커피'가 탄생했다는 이야기입니다. 하지만 이 흥미로운 이야기는 어디까지나 17세기 유럽 문헌에 처음 등장한 '기원 신화'이며 사료로 확인되는 역사적 사실은 아닙니다. 그럼에도 이 전설은 워낙 상징적이어서 오늘날에도 여러 커피 브랜드가 전설 속 인물 칼디를 마스코트로 활용하고 있죠.

맥주 상인들은 왜 커피를 '사탄의 음료'라고 불렀을까?

커피의 진짜 역사는 15세기 예멘의 수피교도들에게서 시작됩니다. 그들에게 술 섭취는 금지였고 자극적인 향신료나 약물 사용 역시 수행의 본질을 흐린다고 여겨졌죠. 그런 상황에서 이 검은 액체 커피(특히 카페인)는 가히 '하늘이 내려준 신의 음료'처럼 받아들여졌을지도 모릅니다. 예멘과 이슬람 세계에서는 곧 카흐베하네cafehane(아랍어 '커피'kahve와 페르시아어 '집'hane이 결합된 말)라고 불리는 초기 커피하우스들이 번성하면서 문학과 종교, 정치 토론의 중심지가 됩니다.

예멘의 수도원에서 시작된 이 '검은 마법'은 곧 이슬람교의 가장 신성한 도시 '메카'Mecca로 전해졌습니다. 메카는 전 세계 무슬림들이 성지 순례를 위해 모여드는 거대한 교차점이었기 때문에 이곳을 거친 커피는 순례자들을 통해 순식간에 아랍 전역으로 퍼져 나갔습니다.

시간이 흘러 16~17세기, 중동과 북아프리카를 정복한 오스만제국이 이슬람 세계의 새로운 주인으로 군림하면서 커피는 단순한 종교적 음료를 넘어 화려한 도시 문화로 자리 잡게 됩니다. 오스만제국을 통해 커피가 유럽에 본격적으로 전해지기 시작하자 기존 음주 문화의 중심이었던 맥주와 와인 상인들은 위기감을 느끼게 됩니다. 당시 가톨릭교회는 거대한 와인 생산 체계와 깊이 연결되어 있었고 일부 수도원은 맥주 양조에도 관여하고 있었죠. 이런 상황에서 커피는 단순한 이국 음료가 아니라 기존 주류 문화의 잠재적 경쟁자로 여겨졌습니다. 결국 맥주와 와인 상인들은 교회 지도자들에게 압력을 가합니다.

"교황님, 이건 악마의 음료입니다! 금지시켜야 합니다!"

카흐베하네kahvehane**와 환대의 의식**
오스만투르크의 커피하우스 '카흐베하
네'에서는 손님에 대한 예의로 커피와 함
께 입가심용 물 한 잔과 커피의 쓴맛을 중
화할 '로쿰'lokum(오스만 전통 디저트) 같
은 달콤한 과자를 함께 내는 것이 철칙이
었다. 이러한 환대 문화는 유럽 상류층의
디저트 문화로 정착됐다.

클레멘스 8세의 커피 사랑
커피는 이후 커피하우스를 중심으로 정보
와 여론이 오가는 문화와 연결되며 지배
계층에게는 불편한 음료로 여겨졌다. 그
러나 전승에 따르면 교황 클레멘스 8세는
커피를 맛본 후 그 매력에 빠져 축복을 내
렸다고 전해진다.

체즈베cezve
바닥이 넓고 목이 좁은 금속 냄비로, 잘게
간 커피를 물과 함께 끓이는 오스만식 커
피 포트다. 긴 손잡이로 화로나 뜨거운 모
래 위에서 직접 가열해 사용했다.

핀잔과 자르프 fincan&zarf
손잡이 없는 커피잔 '핀잔'에 화려한 금속
홀더 '자르프'를 끼워 마시는 것이 전형적
인 방식이었다. 당시 커피 문화는 오스만
투르크의 영향을 강하게 받으며 이러한
오스만식 기물들은 유럽 상류층 사이에서
이국적이고 사치스러운 취향을 드러내는
문화적 상징으로 통했다.

이때 등장하는 유명한 일화가 하나 있죠. 교황 클레멘스 8세가 커피를 시음한 뒤 이렇게 말했다는 이야기입니다.

> "사탄의 음료가 너무나 훌륭해서 이교도들만 마시기엔 아깝다. 차라리 세례를 줘서 기독교 음료로 만들라!"

물론 교황이 실제로 커피에 세례를 주어 공식적으로 허용했다는 명확한 기록은 확인되지 않습니다. 그러나 유럽 사회가 결국 커피 맛에 빠져들었고 이후 폭발적으로 확산된 것은 분명한 사실이죠.

1645년 이탈리아 베네치아에서 유럽 최초의 커피하우스가 문을 엽니다. 이제 이슬람 세계뿐만 아니라 유럽인들마저 술집 대신 커피하우스에 모여 정치와 사업을 논하고, 문학과 사상을 토론하기 시작했죠. 심지어 주식 거래와 해상보험 계약까지 이곳에서 이루어졌습니다. 사실상 유럽식 카페 문화의 태동이었죠.

전쟁터에서 발견된 자루 수백 개의 정체

커피의 역사를 이야기할 때 1683년 오스트리아 빈에 등장한 최초의 커피하우에 대해서도 빼놓을 수 없습니다. 17세기 전성기를 누리고 있던 오스만제국의 투르크 군대는 1683년에 유럽의 심장부를 겨냥하며 '비엔나 전투'의 서막을 열었습니다. 두 달간 이어진 처절한 포위 공격으로 도시는 함락 직전의 절체절명 위기에 놓였고 빈의 운명은 그야말로 풍전등화와 같은 절망적인 상황에 놓였습니다.

빈 사람들은 오스만군의 포위망을 뚫고 도시 인근에 주둔해 있는 폴란

▲ 1683년 오스만제국의 최대 영역 지도

▲ 오스만제국의 지배층인 오스만 투르크의 커피하우스 '카흐베하네' 풍경

드 군대에게 구원을 요청할 특사가 필요했습니다. 이때 투르크어와 아랍어에 능통한 외교 정보원 프란츠 콜쉬츠키Franz Kolschitzky가 오스만군으로 위장해 포위망을 뚫고 이 일을 수행하기로 합니다. 콜쉬츠키는 폴란드군 진영에 도착해 빈의 상황을 알리는 데 성공했고, 때마침 폴란드 기병대가 도착하면서 오스만 군대를 밀어내는 데 성공합니다.

전투가 끝난 뒤 폴란드 군대는 오스만군 진영에서 정체를 알 수 없는 자루 수백 개를 발견했는데, 이것이 커피 원두였다고 전해집니다. 당시 중부 유럽은 커피 문화의 불모지에 가까웠기 때문에 난생처음 보는 이 물건이 어디에 쓰이는지 도저히 알 방법이 없었죠. 처음에는 낙타 사료라고 생각해 버리려고 했다는 일화도 전해집니다. 이후에도 남겨진 커피 자루를 두고 폴란드군과 오스트리아군 사이에 내분이 있었다는 설, 돈을 받고 팔았다는 설 등 다양한 이야기가 전해지지만 진실은 알 수 없습니다.

커피 자루를 전리품으로 얻은 프란츠 콜쉬츠키는 빈에 '파란 병 아래 집'이라는 커피하우스를 열었고, 커피에 설탕과 우유를 첨가해 커피의 맛과 풍미를 부드럽게 조정하는 방식을 도입해 유럽에 커피 혁명을 일으켰다고 전해집니다. 오늘날의 커피 브랜드 '블루보틀'Blue Bottle이 이 전설에서 영감을 받았다고 알려져 있죠.

총알보다 귀한 커피 한 잔, 적군과 내통하게 만든 검은 유혹

19세기 커피가 유럽에서 폭발적으로 대중화되면서 유럽 열강들은 커피 재배에 최적인 아열대 기후를 찾아 카리브해 연안과 식민지 일대로 눈을 돌렸고, 그곳에 대규모 커피 플랜테이션coffee plantation(커피나무를 대규모로 재배하기 위해 조성된 상업적 농장 체계)을 세웠습니다. 이 과정에서 아

▲ **로이드 커피하우스와 언더라이터** underwriter | 오늘날 보험 인수 심사역을 뜻하는 '언더라이터'는 17세기 런던의 로이드 커피하우스에서 유래했다. 당시 상인들이 특정 선박의 보험을 책임지겠다는 의미로 선박 정보가 적힌 종이 하단 under에 자신의 이름과 인수 금액을 직접 서명 write했던 관습에서 생겨난 용어다.

메리카의 원주민과 노예들이 비인도적인 조건에서 강제 노동을 해야 했고, 노예들의 노동력 덕분에 생산 단가를 파격적으로 낮출 수 있었죠. 가격 경쟁력을 갖춘 카리브산 커피는 기존의 수입처였던 중동에 역수출될 만큼 시장을 압도하는 지경에 이릅니다.

남아메리카에 커피 플랜테이션이 세워질 무렵 바다 건너 미국(당시 영국 식민지)에서는 커피가 국민 음료로 등극하게 되는 결정적인 사건이 터집니다. 바로 보스턴 차 사건(1773년)이죠. 영국의 식민지 과세 강화와 미국 내 홍차 밀수 상인들의 복잡한 이해관계가 충돌하면서 발생한 이 사건은 미국 독립전쟁의 도화선이 되었습니다. 영국의 식민지였던 북아메리카 13개 식민지가 영국으로부터 독립해 미국을 건국한 이후 미국인들은 "적국인 영국 사람들이 마시는 홍차 대신 우리는 커피를 마시겠다."라는 논리로 커피를 마시게 되었다는 이야기가 널리 알려져 있죠. 그러나 실제 이유는 그보다 훨씬 간단명료했습니다. 카리브와 남아메리카에서 커피가 너무 싼 값에 직수입되었기 때문입니다.

미국의 내전이었던 남북전쟁(1861~1865년)에서도 미국인들의 커피 사랑에 대한 기록을 찾아볼 수 있습니다. 전쟁이 시작되자 커피는 군인들의 기운과 사기를 높여 주는 물품으로 각광받기 시작했습니다. 전쟁 중 커피의 인기는 현대인이 상상하는 그 이상이었죠. 탄약이 부족하면 포탄을 아끼면 됐지만 커피 보급이 줄어들면 군대 전체의 멘탈이 갈려 버렸습니다.

북군은 해상 봉쇄에 성공하면서 물자가 풍부해졌고 커피를 하루에 열 잔씩 마실 수 있는 양을 보급받았지만 남군은 그렇지 못했습니다. 당시 영국의 한 종군기자는 남북전쟁에서 남군의 커피 부족은 상상을 초월할 정도로 그들을 정신적으로 괴롭혔다고 기록했습니다. 남군은 커피 대신 치커리, 도토리, 땅콩, 호밀 등을 갈아 만든 대용품으로 커피에 대한 그리움을 달래야 했죠. 특히 추운 겨울이면 따뜻한 커피의 유혹 앞에 무너져 북군과 몰래 내통해 담배와 커피를 교환하는 행위도 서슴지 않았습니다. 남북전쟁 참전 군인들의 일기장과 편지에 가장 많이 등장하는 단어는 총, 대포, 노예, 링컨, 어머니가 아니라 바로 커피였다고 전해집니다.

밤새 활기차게 뛰놀던 칼디의 염소들, 졸음을 쫓을 신의 음료가 필요했던 예멘의 수피교도들, 포위된 전장에서도 커피 자루를 전리품으로 챙겼던 오스트리아군, 전쟁 중에 커피를 못 마셔 멘탈이 산화된 남북전쟁의 군인까지. 이 모든 각성과 집착의 흐름을 따라 21세기를 살고 있는 우리 역시 새로운 선택 앞에 서 있습니다.

"내일 시험인데 졸리면 어떡하지? 속이 쓰리지만 한 잔은 마셔야 하지 않을까?"

그 갈림길에서 우리는 타협이라는 이름의 회색지대를 고르게 됩니다.

"그럼… 오늘은 디카페인으로 마셔 볼까?"

모험

대항해시대 범선의
처절한 생존기

: 낭만 없는 진짜 해적선 생활

배경 연도

15세기 후기~17세기 초기 대항해시대

고잉메리호 같은 작은 배로
정말 대양을
건널 수 있었을까요?

만화 〈원피스〉 모두 아시죠? 혈기 왕성한 청년들과 절세 미소녀들이 대항해시대의 거친 대양을 누비며 낭만적인 모험에 나서는 그 유명한 이야기. 그런데 그들의 모험선 '고잉메리호'가 하필이면 소형 함선 '카라벨'caravel이었다니! 오늘날에 비유하면 세계 최고의 오프로드 카레이서가 되겠다며 중고차 딜러에게 20년 묵은 경차를 사서 거친 비포장도로에 올라서는 것과 같습니다. (물론 〈원피스〉는 만화이기 때문에 역사적 고증이 필수가 아닙니다. 사실 만화는 재미만 있으면 오케이죠.)

고잉메리호의 최후는 예고된 비극이었다?

사실 카라벨도 초기 대항해시대의 장거리 탐험을 개척한 주역이긴 했습니다. 이는 카라벨이 삼각돛lateen sail을 활용해 역풍을 거슬러 항해하는 능력이 뛰어났기 때문입니다. 다만 대규모 인원과 화물을 싣고 정기적으로 대양을 횡단하기에는 한계가 명확했죠.

카라벨은 작은 크기와 가벼운 구조로 해안 탐험과 무역에 주로 사용되었습니다. 소형이라 기동성이 좋고 속도가 빠르기 때문에 해안가와 강을 탐사하기도 매우 유리했죠. 이러한 종류의 함선은 장거리보다는 단거리

항해에 적합했습니다. 그렇다 하더라도 카라벨은 밀짚모자 해적단이 10명도 되지 않는 빈약한 인원으로 다룰 수 있는 배가 아니었습니다. 승무원 수가 최소 20명 이상은 되어야 제대로 된 항해가 가능했죠.

결국 고잉메리호는 용골이 파괴되고 처참하게 박살이 나서 최후를 맞이하게 되었는데, 이는 밀짚모자 해적단이 죄 없는 카라벨 선박을 용도에 맞지 않게 혹사해서 자초한 결과라고 볼 수 있습니다. 그러니까 실제로 거친 대양을 항해하려면 대형 범선 카락carrack이나 갤리온galleon 정도는 되어야 바다 위에서 최소한의 생존을 보장할 수 있었습니다.

선원은 고시원급, 선장은 호텔급! 갑판부터 후미까지 함선 구조

실제 대항해시대 선원들의 생활은 어땠을까요? 시대에 따라 다르지만 16세기 초 갤리온 앞머리(선수)의 갑판에는 화장실이 있었습니다. 함선 구조상 화장실은 배설물을 바다로 직접 배출해 위생 문제를 해결할 수 있도록 개방된 위치에 두어야 했습니다. 그리고 선박의 앞부분에 파도가 쳐서 자연스럽게 오물이 씻겨 내려가도록 하는 목적도 있었죠. 바람이 심한 상황에는 배출된 배설물이 바람을 맞고 다시 배로 날아올 가능성이 있었기 때문에 선원들은 풍향도 주의 깊게 살펴야만 했습니다.

배가 흔들리거나 큰 파도가 칠 때 화장실에서 용변을 해결하려면 균형을 잡는 것도 매우 중요해서 반드시 줄이나 난간을 잡고 이용해야 했습니다. 화장실은 '자르딘'jardin이라는 별칭으로 불렸습니다. 이는 '정원'이라는 뜻으로 파도가 몰아치는 상황에서 위태롭게 용변을 해결하는 장소를 역설적으로 그렇게 불렀던 것이죠. 만화 〈원피스〉에 고증을 입힌다면 나미나 로빈 같은 여성 캐릭터들도 반드시 이곳을 이용해야 했을 겁니다.

이달고hidalgo
16세기 스페인 제국의 전성기를 이끈 테르시오tercio 군대에는 일반 병사뿐만 아니라 '이달고'hidalgo라 불린 하급 귀족 출신이 적지 않았다. 당시 스페인에서는 장자 상속으로 가문의 토지와 재산을 물려받지 못한 차남 이하의 자손들이 신분적 명예만 유지한 채 성직이나 군 복무로 활로를 찾는 경우가 많았다.

홀리스톤holyston
선원이 바닥에 문지르고 있는 것은 사암 블록, 즉 홀리스톤이었다. 바닥을 청소하는 모습이 마치 기도하는 신자처럼 보여 붙여진 이름이다. 바닷물에 젖은 갑판의 오염물을 제거하고 나무 표면을 매끄럽게 유지하는 청소법이었다. 다만 이는 18세기 이후 범선 문화에서 자리 잡은 후대의 관행에 가까우며, 본 그림의 배경인 15~16세기 대항해시대에는 갑판에 모래와 해수를 뿌린 후 밧줄 뭉치 등을 이용해 물리적으로 연마하는 방식이 일반적이었다.

화장실
오늘날 해군에서 화장실을 '헤드'head라고 부르는 전통 역시 일반 선원용 화장실이 선박의 머리 '비크헤드'beakhead 쪽에 위치했던 데서 비롯됐다. 별도의 오물 저장 공간 없이 바닥에 구멍을 뚫어 바다로 직접 배출되도록 설계됐다. 물론 선내 간부급 인원을 위한 별도 화장실(주로 함미 측면에 위치)도 존재했다.

함선의 중심부에는 조리실이 있었습니다. 선원들은 부패를 방지하기 위험해 염장한 고기와 딱딱한 비스킷을 주로 물에 불려서 먹었는데, 염장 고기와 비스킷만으로는 장기 항해에서 필요한 모든 영양소를 공급하기 어려웠을 겁니다. 그래서 함선 안에는 간단하게 조리를 할 수 있는 조리 실도 존재했죠. 주로 말린 콩을 불려 간단한 음식을 조리해 다양한 영양 소를 섭취할 수 있었습니다.

조리실에서 요리한 따뜻한 음식은 선원들의 식사에 대한 불만을 줄이 는 동시에 안정감과 고양감, 사기를 유지하는 데 매우 중요한 부분을 차 지했습니다. 도축한 가축이나 항해 중에 잡은 해산물을 요리하는 데도 조 리실은 매우 중요하게 쓰였죠.

조리실이 배의 중심부에 위치한 이유는 선박의 흔들림에 가장 영향을 덜 받는 위치여서 화재 위험을 최소화할 수 있었기 때문입니다. 테마파 크에서 바이킹을 탈 때도 가운데 좌석이 가장 무섭지 않은 것을 고려하면 충분히 이해가 되는 부분이라고 볼 수 있습니다.

앞서 도축한 가축 이야기를 잠깐 했는데, 긴 항해 중에 신선한 고기를 선원들에게 제공하기 위해서라도 반드시 가축실이 필요했습니다. 가축실 또한 일반적으로 배의 갑판 아래 중심부에 위치했습니다. 가축을 보호하 기 위한 목적도 있었지만 의외로 선박의 안정성을 유지하는 데 중요한 역 할을 했죠.

가축실에는 선장의 기호에 따라 다양한 가축이 포함되었습니다. 돼지, 닭, 염소가 대표적이고 소도 존재했습니다. 가축의 종류는 탐험이나 정 착, 정복 등 항해의 목적에 따라 구성이 매우 달라졌습니다.

선박에서의 식량 배급은 매우 엄격하게 관리되었습니다. 가축은 물론

이고 신선한 달걀과 우유 같은 부산물은 선장이나 간부 등 고위 계급에게 우선적으로 제공되었죠. 선원들에게 고기와 우유, 달걀은 특정한 상황에서만 배급되었습니다. 주로 기념일이나 축제일에 배급되는 경우가 많았으며, 건강상의 이유로 질병에 걸리거나 부상을 당한 선원들의 회복을 위한 조치로도 활용되었죠. 임무를 성공적으로 수행한 선원에게 포상의 개념으로 제공되기도 했습니다. 군대 훈련소 시절을 추억해 본다면 행군을 마치면 주는 육개장 컵라면 하나에 목숨을 걸었던 기억이 한 번쯤 있을 텐데, 이와 크게 다르지 않은 개념이라고 볼 수 있겠네요.

함선의 후미를 '고물'이라고 부릅니다. 이 부분은 밝은색을 칠하고 화려하게 조각한 장식물을 달았습니다. 그리고 등불을 내걸었죠. 다른 배들이 피해 갈 수 있도록 경광등을 설치한 것과 같습니다. 후미는 선장실이 위치한 장소이기도 했습니다. 배에서 가장 크고 편안한 장소였죠.

선원들은 매우 좁은 공간을 공유하며 생활했습니다. 개인 공간은 거의 없었고 대부분 열악한 공용 공간에서 생활했죠. 취침할 때 해먹을 사용했는데 사실 해먹은 남아메리카 원주민들에게 보고 배워서 퍼진 문화였습니다.

스마트폰 없이 어떻게 버텼을까? 선상 리얼 라이프

함선 안에서 선원들과 병사들은 역할이 분명히 구분되어 있었습니다. 스페인 전함에서 선원들은 항해만 전담하고 싸우지 않았습니다. 전투는 병사들의 몫이었죠. 그렇다고 항해에 참여하지 않는 병사들이 평상시에 놀았다는 것은 아닙니다. 이들은 항해 중에도 여전히 선내를 활용해 지휘관의 감독 아래 전투 훈련을 했습니다. 또한 선내 규율과 질서 유지를 담

함선 집단의 철저한 분리

구분	뱃사람Gente de Mar	군인Gente de Guerra
구성원	선장, 항해사, 조타수, 숙련 선원, 견습생	지휘관, 장교, 보병, 포수 등
주요 업무	돛 조절, 조타, 항해, 선박 정비 등	전투(백병전·사격), 경계, 선상 질서 유지 등
사회적 지위	기술자 혹은 노동자 취급(비교적 낮음)	명예를 중시하는 무장 집단 (일부는 하급 귀족 이달고 출신이었으며, 경제적 처지는 다양함)

* 당시 스페인은 해군이라는 통합된 조직보다 '배를 모는 전문가'가 운전하는 배에 '전투 전문가'인 육군(테르시오 등)이 탑승하는 형태에 가까웠음.

당하는 중요한 역할을 했죠.

선원들과 병사들의 몇 안 되는 즐거움 중 하나는 바로 도박이었습니다. 바다 위에서 이들이 즐길 수 있는 오락이 도박 말고는 딱히 없었기 때문에 카드나 주사위 등 도박을 할 수 있는 도구라면 무엇이든 가리지 않고 매일 즐겼습니다. 그 어떤 것에든 내기를 걸었죠. 몇 달씩 걸리는 지루한 항해를 견딜 수 있는 그들의 안식이자 즐거움이었습니다. 장교들도 이들의 도박에 대해서는 묵인했지만 선내 질서를 유지하고 기강을 잡는 수단으로 도박 금지령을 내리기도 했습니다.

선원들은 항해 중 서로의 경험담과 전설을 나누며 시간을 보내기도 했습니다. 이것 역시 긴 항해 동안 지루함을 달래는 중요한 방법이었죠. 바다 괴물이나 유령선에 대한 전설이 선원들과 병사들 사이에서 큰 인기를 끌었고, 실제로 이런 구전들이 해양 문학과 전설의 중요한 부분이 되었습니다. 거짓말 같은 이야기도 선내에서 실화처럼 나돌기도 했죠.

함선 생활에서 가장 골치 아픈 것 중 하나가 쥐였는데 어떤 함선에서는 항해 중에 무려 4,000마리의 쥐를 잡았다는 기록도 발견됩니다. 쥐는 소중한 식량을 먹어 치우거나 배의 자재를 갉아먹어 파손시키는 등 심각한 사태를 초래하기도 해서 반드시 잡아야만 했습니다.

반대로 식량이 완전히 떨어질 경우, 이 쥐들도 식량으로 도박이나 거래에 사용되었습니다. 이에 대한 가장 상징적인 사례는 은화 몇 닢과 쥐 한 마리가 동등한 가치로 거래되었다는 이야기입니다. 정확히 얼마에 거래되었는지가 핵심이 아니라 그만큼 열악했던 당시 위험천만한 항해 생활을 극단적으로 보여 주는 사례라고 할 수 있습니다.

긴 항해 동안 누군가는 죽음을 맞기도 했습니다. 선박에 시신을 싣고 항해를 이어 갈 수 없으니 시체는 망가진 천으로 싼 후 돌을 매달아 바다에 가라앉히기도 했죠. 돌 이야기가 나와서 말인데, 당시 선박의 가장 아래층 바닥에는 돌을 깔았습니다. 이것은 배의 무게중심을 낮춰 선박이 기울거나 전복되는 것을 방지하기 위함이었죠. 또한 평형 유지 측면에서도 매우 중요했습니다. 위험한 항해에서 죽음은 일상적이었기에 스페인에서는 '항해를 떠나면 기도문부터 배운다'는 말이 생겨나기도 했습니다.

자, 이제 함선이 선발대가 만들어 둔 항구의 요새에 정박하게 됩니다. 선원들은 본국에서는 단 한 번도 본 적 없는 기이한 나무와 그림자 속에서 알 수 없는 긴장감을 느낍니다. 그들의 상상 속에서만 존재하던 곳을 이제 현실로 마주하게 된 거죠.

앞으로 그들의 앞날에는 어떤 일이 벌어질까요? 선원들의 여정은 이제 막 시작되었으며 이 땅에서 새로운 삶이 그들을 기다리고 있었습니다.

사치

샤넬 백 대신
파인애플을 든 귀족들

: 식탁 위에 차려진 기묘한 과시욕

18세기 유럽

먹지 마세요, 지위에 양보하세요.
귀족들이 전시만 하고
반납한 렌탈 명품이 있었다?

—

20대 시절 부모님이 아끼던 명품 가방을 몰래 들고 나가거나 자동차를 끌고 친구들을 만나러 나가 본 적이 있을지 모르겠습니다. 자동차나 명품 가방이 꼭 필요해서가 아니라 그것을 소유하고 있는 내 모습을 누군가에게 보여 주고 싶었던 순간 말이죠.

18세기 유럽에도 오늘날처럼 과시욕을 자극하는 물건이 있었습니다. 오늘날과 다른 점은 가죽도 아니고 보석도 아닌 과일, 파인애플이었다는 것이죠. 현대의 기준으로 보면 굉장히 이상하게 보일 수 있지만 파인애플은 18세기의 런던 연회 테이블에서 가장 압도적인 존재감을 뿜어내는 물건 중 하나였습니다. 심지어 너무 비싸서 귀족들조차 먹지 못하고 연회 하루 동안만 대여해서 식탁 위에 올려 두고 감상만 해야 했죠. 어째서 이런 사회 현상이 일어나게 된 것일까요?

귀족들이 열광한 '과일 굿즈'

유럽에 파인애플이 처음 전해진 건 1493년 크리스토퍼 콜럼버스가 제2차 항해 중 카리브해의 과들루프에서 스페인으로 가져오면서부터입니다. 워낙 맛이 좋아서 귀족들 사이에서는 '과일의 제왕'으로 여겨졌죠. 현지의 원주민들에게는 흔한 과일에 불과했지만 당시 유럽까지 파인애플을 배에 싣고 대서양을 건너는 것 자체가 큰 도전이었습니다.

열대 과일인 파인애플은 고온다습한 기후에서 자라는 과일입니다. 하지만 유럽 대부분의 지역은 온도와 습도가 낮아 자연 상태에서는 결코 재배할 수 없었죠. 당시 유럽의 기술력으로 파인애플 재배는 굉장히 어려웠기에 전량을 수입에 의존해야 했습니다. 게다가 대서양에서 유럽으로 건너오는 긴 시간 동안 신선하게 유지된 파인애플은 극소수여서 개체당 가격에는 엄청난 프리미엄이 붙었습니다.

17세기에 들어서면서 유럽에서는 온실을 이용해 파인애플을 재배하는 기술이 개발되었지만 그럼에도 불구하고 파인애플은 여전히 부유층의 과시용 수단이었죠. 그 이유는 당시 온실을 소유한다는 것 자체가 '자연의 섭리를 통제하는 능력'이 있다는 것을 보여 주는 것이었고, 온실을 관리하고 유지하는 데 들어가는 막대한 자본과 기술력은 그 사람의 재력과 사회적 지위를 입증하는 증거가 되었기 때문입니다.

파인애플을 재배하는 사람, 즉 온실 소유주는 왕실이나 대영지를 가진 극소수 최상위 계층에 한정되었습니다. 실제로 과일을 즐길 수 있는 주 소비자 역시 상류층과 귀족이었는데, 이들은 파인애플을 여러 행사에 반복적으로 전시하며 부를 과시했습니다. 당시 파인애플은 거의 명품을 빌리는 수준으로 비싼 가격에 거래되었으며, 오늘날의 물가로 조심스럽게 환산해 보면 단 며칠 전시하는 것만으로도 족히 수천만 원에 이르는 가치였을 것으로 추정됩니다. 물론 과거의 화폐 가치를 현대 원화로 정확히 환산하는 데에는 한계가 있지만 파인애플이 귀금속에 버금갈 만큼 귀한 존재였다는 사실만큼은 변함이 없죠.

▲ **파인애플을 받는 찰스 2세**Charles II Presented with a Pineapple, **헨드릭 단커르츠, 1675~1680년경 |** 영국의 찰스 2세가 왕실 정원사인 존 로즈로부터 영국에서 재배한 최초의 파인애플을 선물받는 모습.

▲ 런던 리치먼드에 있는 대저택 '햄 하우스'Ham House 정원의 석조 파인애플 장식.

▲ 18세기 영국 스태퍼드셔에서 제작된 파인애플 모양의 도자기 주전자.

푸프pouf **헤어와 가루**powder
18세기 귀족 여성들은 머리를 비정상적일 만큼 높게 부풀린 뒤 전분 가루를 뿌려 새하얗게 꾸미는 데 열중했다. 이 인공적인 흰색은 세련됨과 고귀함의 상징이면서 향을 섞은 가루로 가발과 머리의 냄새를 덮는 실용적 장치이기도 했다. 보석, 꽃, 깃털은 물론이고 범선 모형 장식까지 얹는 장식 경쟁은 미적 세련됨이라기보다 과시에 가까웠다. 이는 로코코 취향의 정점이자 현실 감각을 잃은 계급 문화의 상징이기도 했다.

18세기 유럽 귀족 사회에서 중국산 도자기(시누아즈리 취향)는 가문의 부와 동양에 대한 지적 허영을 과시하는 지표였다. 명·청대 도자기는 동인도회사를 통해 대량 유입되며 상류층의 수집 욕망을 자극했고, 궁정과 살롱의 진열 문화를 이끌었다. 이국적인 문양과 백색 자기의 매끈한 질감은 당시 유럽인들에게 세련됨과 부의 상징으로 받아들여졌다. 이후 마이센과 세브르 등 유럽 자기 공방들도 이를 모방·변형하며 독자적인 생산 체계를 구축했다.

파니에pannier
18세기 서유럽 여성복에서 치마폭을 좌우로 넓히기 위해 드레스 안에 착용하던 구조물이다. 특히 프랑스 궁정복에서 유행했으며 허리를 가늘어 보이게 하고 장식 효과를 극대화했다. 이 실루엣은 움직임의 불편함조차 감수하는 계급적 여유를 드러내는 장치로 18세기 궁정 패션의 과장성과 신분 과시를 상징하는 핵심 요소였다.

당시 유럽의 상류층 역시 파인애플을 직접 먹는 대신 파인애플 모양의 장식 조각(지금의 저가 명품 키홀더 정도), 건축 장식, 가구 문양, 도자기 그림, 직물 패턴 등으로 상징만 소비하는 경우가 많았습니다. 반면 중산층 이하 사람들은 파인애플을 직접 맛보기는 커녕 실물을 보는 일조차 거의 없었습니다.

차갑게 식힌 와인 한 잔의 위엄

이런 생각도 해볼 수 있지 않을까요? 자연의 섭리를 거슬러 열대 과일을 유럽의 냉랭한 환경에서 재배할 수 있었다면 그 반대도 가능하지 않았을까요? 그것 역시 파인애플 못지않은 엄청난 사치품이었습니다. 바로 얼음입니다.

파인애플이 열대의 열기를 상징했다면 한여름 연회에서 제공되는 차가운 얼음은 겨울의 냉기를 자본과 기술로 붙잡아 둔 결정체였죠. 18세기 런던의 최상류층 귀족들은 지하 깊숙한 곳에 빙실ice house(아이스하우스)을 구축하기 시작합니다. 단열까지 고려해서 지표 아래에 설계했죠. 겨울철이 되면 인근 호수나 강에서 채취한 얼음을 짚, 톱밥, 가시나무 등으로 겹겹이 감싸 빙실에 저장했습니다. 이렇게 보관한 얼음은 다음 해 여름이나 가을까지도 유지될 수 있었다고 합니다.

얼음 자체가 특별한 기술을 의미했다기보다는 건축, 물류, 노동력을 통제할 수 있는 능력을 과시하는 수단에 가까웠습니다. 얼음을 저장하고 사용하려면 먼저 연못이나 호수 같은 소유지가 있어야 했고, 얼음을 캐올 사람과 이를 운반할 노동력이 필요했기 때문입니다. 자연스레 이런 기술은 대규모 영지와 대저택을 가진 최상류층 사이에서 유행하게 되었습니다.

여름철에 얼음을 소유한다는 것은 곧 새로운 미식 경험을 만들어 낼 수 있는 가능성을 의미하기도 했죠. 18세기에 접어들면서 아이스크림이 상류층 연회의 필수 디저트로 자리 잡게 됩니다. 그중 '봄베'bombe라고 불린 음식이 있었는데 이것은 프랑스에서 개발된 새로운 형태의 미식으로 이름 그대로 '포탄' 모양을 닮은 디저트였죠. 모양과 구성, 장식까지 화려하게 신경 쓴 상류층 연회용 디저트였습니다.

당시에는 와인을 상온에서 마시는 것이 일반적이었지만 얼음을 이용해 와인병을 차갑게 식혀 내놓는 것이 연회 주최자의 세심함과 막대한 경제력을 동시에 보여 주는 상징이기도 했습니다. 테이블 중앙에 얼음으로 만든 아름다운 조각상을 놓고 그 위에 파인애플까지 올려 두면 말 그대로 '얼음과 불의 노래' 같은 장관이 펼쳐지는 것입니다.

보너스로 당시 귀족 사회에서 사치의 우위를 따지자면 파인애플 온실이 아이스하우스보다 한 단계 위였습니다. 파인애플 재배가 그만큼 어려웠기 때문입니다. 온실을 유지하려면 난방과 습도 관리가 필수였고 정원사의 몸값도 매우 높았습니다. 게다가 재배에 실패하면 천문학적인 금액을 그대로 날릴 수밖에 없었죠. 반면 아이스하우스도 분명 엄청난 사치였지만 파인애플 온실에 비할 정도는 아니었습니다. 기술과 노동력이 필요한 것은 사실이지만 위험 부담과 투자 규모 면에서는 파인애플 온실이 단연 '1티어'였습니다.

유럽 정원에 불어온 시누아즈리 열풍

파인애플과 얼음이 시간과 공간을 정복하는 상징이었다면 연회의 대미

▲ **중국 정원**Le Jardin Chinois, **프랑수아 부셰, 1742년경** | 18세기 프랑스 로코코 시대에 유행한 동양풍 예술 사조인 '시누아즈리'의 대표작이다. 상상 속 중국풍 정원을 배경으로 프랑스 귀족들의 우아하고 한가로운 일상을 표현했다.

를 장식하는 차 문화와 도자기는 글로벌 무역의 승자이자 세련된 문화 자본을 소유한 사람을 가려 내는 정교한 필터 역할을 했습니다.

당시의 유럽에는 중국풍 양식인 '시누아즈리'Chinoiserie가 대유행했고 유럽의 수많은 귀족들이 자신의 집 정원을 중국풍으로 리모델링했습니다. 사실 이들이 중국에 직접 가 봤을 리는 없죠. 대부분은 유럽인의 시각에서 상상한 환상적이고 이국적인 동양의 이미지를 투영한 공간이었습니다. 고급스럽게 포장했지만 쉽게 말해 '짝퉁' 중국 정원이었다는 이야기죠.

하지만 중국에서 수입된 진품 도자기는 빛이 투과될 정도로 얇으면서도 열에 강해서 뜨거운 차를 마시는 데 최적의 용기였습니다. 차 역시 매

▲ **알루미늄 브로치와 귀걸이** | 19세기 중기 알루미늄은 자연 상태에서 광석 속 산화물 형태로 존재해 금속을 분리하는 과정이 매우 어려웠고, 그만큼 생산 비용도 높았다. 특히 1850년대에는 금보다도 값비싼 희귀 금속으로 여겨져 일부 장식품과 식기에 쓰이기도 했다. 이런 배경을 보여 주는 일화로 나폴레옹 3세가 가장 귀한 손님에게는 알루미늄 식기를, 다른 손님에게는 은 식기를 내어주었다는 이야기가 전해진다.

우 비싼 기호품이었기에 차를 보관하는 상자에는 반드시 자물쇠가 달려 있었고 열쇠는 안주인이 직접 관리했죠.

연회에서 차를 마시는 것은 세련미의 척도이자 여성 주도의 사교 행위였습니다. 인도와 중국에서 건너온 찻잎과 중국 도자기, 중국풍 정원까지 모두 연회 주최자의 교양과 문화적 안목을 드러내는 상징과도 같았습니다.

이제 18세기 중반 유럽의 한 귀족 저택에서 열린 가상의 연회를 통해 세 가지 요소가 어떻게 유기적으로 결합되었는지 살펴보죠. 손님이 저택에 들어서면 가장 먼저 시선을 사로잡는 것은 거실 한가운데 당당하게 자리한 파인애플입니다. 하룻밤만을 위해 빌려온 것일 수도, 아니면 호스트가 자신의 온실에서 2년간 공들여 재배한 수확물일 수도 있죠.

식사 중반으로 접어들면 하인들이 지하 빙실에서 얼음 덩어리를 가져옵니다. 밖은 여름이지만 테이블 위에는 겨울의 냉기가 감돌죠. 얼음으로 차갑게 식힌 샴페인과 화려한 아이스크림이 중국산 자기에 담겨 나옵니다. 마지막으로 티타임이 되면 안주인은 자물쇠를 열어 고급 찻잎을 꺼내죠. 푸른빛이 도는 중국산 찻잔에 차를 따르면 손님들은 도자기 표면에 그려진 동양의 정원 풍경을 감상하면서 담소를 나눕니다.

이처럼 18세기 유럽 상류층의 연회는 전 세계에서 끌어모은 자원과 기술을 한자리에 모아 전시하는 물질적 신전이 아니었을까 싶네요. 이는 자연과 계절, 세계를 소유하고 있음을 증명하는 전시장과도 같았습니다.

문화

파리의 천재 예술가들,
일본 감성에 빠지다!

: 일본 싸구려 잡지가 바꾼 근대 유럽 예술사

배경 연도

19세기 말 프랑스 파리

예술사의 거장
고흐와 모네도
일본 감성 앓이를 했다?!

19세기 말 파리의 젊은 화가들은 전통 화단에 환멸을 느끼고 있었습니다. 원근법, 명암, 고전 신화… 이들에겐 모두 진부한 것들이었죠. 정해진 관습을 따라야 한다는 기성 화단의 고전주의적 강박은 박제된 예술처럼 느껴졌고 파리의 생동감을 담아내기에는 너무나 부족했습니다. 젊은 예술가들은 새로운 돌파구와 변화를 갈망하고 있었죠.

그러던 어느 날, 항구에 쌓인 일본산 수입 도자기를 포장했던 쓰레기 더미 속에서 파리의 젊은 화가들은 예술사의 방향을 뒤집는 충격을 마주하게 됩니다. 그 포장지는 다름 아닌 일본의 싸구려 목판화 '우키요에'浮世 絵였습니다.

일본 에도시대, 아이돌 포토 카드의 탄생

17세기 일본에서는 기나긴 전국시대를 마무리하고 에도 막부江戸幕府가 성립됩니다. 이에 따라 전국의 다이묘(영주)와 사무라이들이 수도 에도(지금의 도쿄)로 집결하면서 인구와 권력이 에도로 집중됐습니다(막부의 최고 통치자인 쇼군은 권력 견제를 위해 다이묘들이 번갈아 가며 지금은 도쿄인 에도에 거주하도록 하는 산킨코타이参勤交代 제도를 시행했습니다). 그 결과 에도는 교

가부키 배우가 무대 위의 아이돌이라면 우키요에는 그 아이돌의 포토 카드에 비유할 수 있었다. 당대 우키요에 한 장의 가격은 오늘날 엔화 가치로 대략 500엔 정도로 추산된다(한화 5,000원 수준). 이는 소바 한 그릇의 가격이었다.

토와 오사카를 넘어서는 군사, 관료, 소비 도시로 탈바꿈하게 되었고 상인 계층의 부상과 함께 도시형 대중문화가 폭발적으로 성장합니다. 그 와중에 등장한 것이 '가부키'歌舞伎라 불리는 대중 연극과 '요시와라'吉原라 불리는 향락가였습니다.

거리엔 가부키 극장의 북소리가 울리고 밤에는 요시와라 골목마다 붉은 등이 켜졌습니다. 그 속에서 사람들의 마음을 훔친 건 칼이 아니라 미남 가부키 배우의 몸짓과 아름다운 유곽 여성의 눈빛이었죠. 그리고 그 모습들이 목판에 새겨지고 종이 위에 남겨졌습니다. 이것이 우키요에의 시작이었습니다.

도자기 상자를 열었을 뿐인데 미술사가 뒤집혔다!

1853년 페리 제독의 흑선 내항으로 일본이 강제 개항한 이후 약 10여 년이 지난 1867년 프랑스 파리 만국박람회를 기점으로 일본의 도자기와 직물 인쇄물이 유럽으로 대량 유입되기 시작했습니다. 이 과정에서 도자기가 깨지지 않도록 완충재로 사용되던 것이 값싼 우키요에였습니다. 당시에는 신문지 같은 포장용 종이가 없었기 때문에 대량 생산되어 흔하게 소비된 후 폐기되던 우키요에가 포장재로 사용하기에 최적의 인쇄물이었죠.

아무리 한때 대중의 관심을 누린 우키요에라 해도 시간이 지나면 결국 유행은 식기 마련이었습니다. 특히 에도시대 우키요에는 태생적으로 워낙 널리 소비된 탓에 그만큼 생명력이 짧다는 한계를 가지고 있었습니다. 당대 우키요에는 오늘날의 연예계 뉴스처럼 빠르게 소비되고 교체되었으며 인기 가부키 배우가 바뀌거나 유곽에 새 오이란(최상위 유곽 여성)이 등

에도시대 우키요에 화가 상당수는 춘화(성교를 묘사한 그림)를 제작했으며, 이는 수요가 명확한 상업 장르였다. 결혼 예물이나 신혼부부의 성교육용, 남성들의 개인 소장품, 심지어 부적(다산, 액막이 등) 역할로 기능했다.

9세기 후반 많은 우키요에 판화는 유럽으로 수출되는 도자기의 포장재로 사용되었다. 당시 일본에서는 이 판화들이 고급 미술품이 아닌 값싼 인쇄물로 취급되었기 때문이다.

우키요에는 목판을 이용한 대량 인쇄물로, 화가·조각가·인쇄공의 분업으로 제작되었다. 이 목판 덕분에 우키요에는 단순한 예술품이 아닌 '대중매체'가 될 수 있었다.

장하는 순간 낡은 재고가 되어 버렸죠. 이렇게 남은 우키요에는 도자기의 완충재나 포장지로 쓰이기도 했으며 사실상 '산업 폐기물'과 다름없는 취급을 받았습니다.

그러나 유럽에 도착한 도자기 상자를 풀던 수집가와 예술가, 상인들은 뜻밖에도 이 포장지에 주목하게 됩니다. 그들이 처음 마주한 우키요에는 분명 이상했습니다. 서양 회화와는 전혀 다른 구성이었기 때문이죠.

"원근법이 없는데도 어째서 개성이 넘치고 멋있는 거지?"
"인물의 얼굴은 평면적인데 왜 저렇게 생동감이 있을까?"
"색감이 너무 강렬한데도 눈에 기분 좋게 박힌다!"

전통적인 구도, 명암, 사실성 중심의 회화에 익숙했던 유럽의 화가들에게 우키요에는 그 자체로 시각적 충격이었습니다. 명확한 명암 처리 없이 선과 색면만으로 장면을 구성하고, 구도 역시 정면성이나 대칭보다 동적인 균형과 리듬감을 중시했던 점이 당시 서양 미술의 전통적 관습과 정면으로 충돌했던 것이죠. 그로 인해 19세기 후반부터 유럽의 예술계에는 '자포니즘'Japonisme(일본 미술 수용 현상)이라고 불리는 열풍이 퍼지기 시작합니다. 이는 단순한 유행이 아니라 서양 회화에 새로운 감각적 가능성을 제시한 강력한 미학적 자극이었습니다.

일본에서는 그저 포장용 뽁뽁이에 불과했지만 지구 반대편 유럽에선 예술사의 판을 바꾼 혁명이었습니다. 조금 과장을 보태자면 일본산 도자기는 포켓몬 빵이었고, 우키요에는 포켓몬 띠부씰에 비유할 수 있겠네요. 물론 오늘날 포켓몬 빵에서 스티커만 취하고 빵을 버리는 경우와는 달리

후기 인상파 화가
후기 인상파 화가들이 기존 화단의 전통에 질린 이유는 '새로운 것을 좋아해서'가 아니었다. 아카데미와 살롱이 요구하던 역사화, 신화, 매끈한 마감, 원근법 중심의 회화 규범이 답답했기 때문이다. 이들은 인상주의가 남긴 빛의 실험 위에서 한 걸음 더 나아가 형태의 단순화, 강한 윤곽선, 감정을 담은 색채, 비서구적 화면 구성을 찾았고 우키요에는 그들에게 강렬한 충격과 함께 새로운 탈출구가 되었다.

도자기 포장지와 자포니즘 Japonisme
프랑스에서는 1860년대부터 이미 일본 물건을 파는 상점이 등장했다. 우키요에는 상점을 통해 파리 시내의 예술가와 수집가 사이에 먼저 퍼졌고, 그 열광은 1867년과 그 뒤의 파리 만국박람회를 거치며 훨씬 더 대중적이고 폭발적인 규모로 커졌다. 이것이 바로 서양 미술과 디자인 전반을 뒤흔든 자포니즘의 한 축이었다.

고흐와 우키요에
빈센트 반 고흐는 파리에 거주하던 시절 우키요에를 대량 수집했다. 강한 윤곽선과 과감한 구도, 평면적인 색면 처리에 깊이 매료되어 서양 회화가 잃어버린 신선함과 자유를 보여 주는 모델로 삼았다. 1886~1887년 무렵 파리의 화상 지크프리트 빙Siegfried Bing에게서 수백 점의 일본 판화를 사들였고, 이를 바탕으로 자신의 색채와 화면 구성을 급격히 바꿨다.

유럽의 상인들이 값비싼 일본 도자기를 길거리에 버리거나 하지는 않았습니다. 당연히 일본산 공예품도 수집가들 사이에서 인기가 높았죠. 그러나 당대 유럽 화가들의 시선을 짐작해 보자면 포장지가 본체라면서 잔뜩 들떠 조심스레 상자를 언박싱하며 종이가 찢어지기 전에 서로 교환하고, 어떤 그림이 더 희귀한지 가늠하며 평가했을지도 모를 일입니다. 마치 무엇이 들었을지 모르는 랜덤 박스를 두근거리는 마음으로 열어 보는 지금의 감성과 크게 다르지 않았을 것 같습니다.

모네, 드가, 고흐를 사로잡은 우키요에

한 장의 구겨진 종이에 완전히 눈이 뒤집혀 버린 유럽의 젊은 화가들. 그들 중에는 우리가 익히 알고 있는 인상파 거장들이 대거 포함되어 있었습니다. 대표적으로 클로드 모네, 에드가 드가, 빈센트 반 고흐가 있죠. 클로드 모네는 우키요에의 색면 구성과 평면적인 구도에 큰 영향을 받았고, 자신의 정원에 일본식 다리와 연못을 직접 조성하며 자포니즘에 대한 애정을 생활 공간으로 구현한 대표적인 인물입니다. 특히 자신의 아내에게 기모노를 입혀서 그린 〈기모노를 입은 카미유〉 같은 작품은 당시 유럽이 일본 미술을 어

▲ 기모노를 입은 카미유La Japonaise, 클로드 모네, 1876년

▲ 무대 위의 무희L'Etoile ou la Danseuse sur la Scene, 에드가 드가, 1876~1877년경

떤 방식으로 수용했는지를 상징적으로 보여 주기도 하죠.

에드가 드가는 인물의 일상적인 순간을 비대칭적인 구도로 포착하는 데 주력한 화가입니다. 우키요에에서 자주 나타나는 '사적인 순간을 훔쳐보는 시선'에 큰 영향을 받았습니다. 그가 남긴 〈발레리나〉 연작이나 〈목욕하는 여인〉 시리즈에서 보여준 감각은 더욱 선명하게 드러납니다. 발레리나들을 위에서 내려다보는 시선이나 목욕 중인 여성을 옆에서 훔쳐보는 비정형적인 시점은 우키요에 대표 작가인 가쓰시카 호쿠사이葛飾北斎와 안도 히로시게安藤広重가 자주 사용하던 방식이었습니다. 그림이 무대처럼 보이지 않도록 일부러 구도를 비튼 부분과 중심을 벗어난 인물의 배치, 잘려 나간 프레임, 넓은 여백은 우키요에의 감성과 정확히 일치합니다.

빈센트 반 고흐는 앞선 인상주의 화가들보다 다소 늦게 활동했지만 우키요에에 가장 깊이 빠진 인물이기도 합니다. 고흐에게 우키요에는 단순한 영향이 아니라 서양 회화가 나아가야 할 방향이자 예술가의 이상향에 가까웠습니다. 그는 단순히 우키요에를 좋아하는 것을 넘어 정식으로 수집하고 분석하며 재현했습니다. 실제로 우키요에를 오려 붙이며 조합하고 도장과 일본어 문자까지 그대로 옮겨 그렸죠. 말 그대로 철저한 연구

▲ 목욕하는 여인Femme au bain, 에드가 드가, 1883~1884년경

▲ 카메이도의 매화나무 정원Plum Estate, Kameido, 안도 히로시게, 1857년

▲ 꽃 피는 자두나무(히로시게 모작)Japonaiserie: Prunier en fleur, 빈센트 반 고흐, 1887년

자형 수집가였던 셈입니다. 그의 대표작 가운데 하나인 〈꽃 피는 자두나무〉 역시 히로시게의 우키요에를 그대로 모사한 작품입니다.

반 고흐가 파리에 머물던 1886~1887년 그는 가난했고 친구도 거의

▲ 탕기 영감의 초상Portrait of Pere Tanguy, 빈 센트 반 고흐, 1887년

없었습니다. 그에게 몇 안 되는 지지 자 중 한 명이 바로 사람들 사이에서 '탕기 영감'이라 불리던 노인이었습니다. 고흐는 생전에 그에게 고마움을 표현하고자 초상화를 세 번이나 그렸죠. 고흐가 우키요에에 깊이 빠져 있던 시기, 탕기 영감 역시 자신의 화방 벽에 우키요에를 걸고 직접 판매했는데 그 당시 몇 안 되는 장소 중 하나였습니다. 실제로 고흐가 그린 탕기 영감의 초상화 속 배경에는 다양한 우키요에 작품들이 선명하게 걸려 있는 것을 확인할 수 있습니다. 탕기 영감은 고흐의 단순한 후원자나 말동무에 그치지 않았습니다. 그는 유럽 미술계에 우키요에를 퍼뜨리는 결정적인 역할을 했고, 고흐의 손끝에서 탄생한 이 초상화를 통해 결국 미술사에 불멸의 존재로 남게 되었습니다.

밤이 내린 골목, 소바 등불 아래에서 새겨진 우키요에

우키요에, 소바, 요타카(밤거리에 활동하는 윤락 여성)는 에도시대 심야 문화를 이루는 삼위일체라고 해도 과언이 아니었습니다. 이 셋은 단순히 동시에 존재했던 것이 아니라 서로가 서로를 먹여 살리고 기록하며 하나의 거대한 밤의 생태계를 구축했죠.

당시 밤거리에서 장사를 하던 소바 노점의 가장 큰 고객은 바로 요타카였습니다. 요타카는 정식 유곽인 요시와라吉原에 소속되지 않은 '비공인'

하급 매춘 여성을 일컫는 말이었습니다. 이들의 저마다 다양한 사연으로 삶의 밑바닥까지 내몰린 빈곤한 도시 하층 여성들이었죠. 빈민의 딸, 유흥가 출신의 유녀, 생계형 유부녀와 노년 여성까지 에도의 빈곤이 이들을 밤거리로 내몰았습니다. 전성기에는 그 수가 약 4,000명에 이르렀다고 전해집니다.

요카타와 소바 장수는 서로 일종의 안전장치 역할을 했습니다. 소바 장수들은 일부러 요타카들이 모여 있는 강가나 골목에 자리를 잡았습니다. 배고픈 여인들에게 값싼 한 끼를 제공하고 그녀들을 찾아오는 손님들에게도 야식을 팔며 영업을 했죠. 가로등이 없던 시절 소바 수레의 등불은 요타카들에게 일종의 치안 등대와 같은 역할을 했으니 서로가 서로를 필요로 하는 '공생 관계'였던 셈입니다.

우키요에는 이들의 삶을 기록하는 대중 잡지 역할을 했습니다. 우키요에 화가들은 화려한 유곽의 유녀뿐만이 아니라 가장 밑바닥 인생이었던 요타카의 모습도 즐겨 그렸습니다. 특히 머리에 수건을 쓰고 수건 끝을 입에 물고 있는 모습, 등에 거적을 메고 있는 요타카의 상징적인 모습을 예술적인 코드로 승화시킨 것이 바로 우키요에였습니다. 덕분에 오늘날 우리가 이들의 구체적인 삶의 모습을 생생하게 엿볼 수 있게 된 거죠.

▲ 여섯 타마강 연작 가운데 오미 지역을 다룬 두 번째 작품六玉川之内:近江其二, 우타가와 사다카게, 1832년

우시 牛 ●
취객이 난동을 부리거나 화대를 떼먹는 상황에 대비해 해결사이자 보디가드 역할을 맡을 인물이 필요했다. 이들을 우시라고 불렀으며 몰락한 무사 계급 출신의 낭인들도 일부 섞여 있었다고 전해진다.

요타카의 상징은 얼굴을 가린 수건 끝을 입에 문 모습이었다. 당시 에도 사람들은 무언가를 입에 물고 있는 모습에서 묘한 에로티시즘을 느꼈다고 전해진다. 수건을 질질 끄는 것이 아니라 입에 물어 팽팽하게 당겨진 모습이 당시 기준에서 매력적인 스타일로 통했다.

이들은 돗자리를 등에 메거나 옆구리에 낀 끼고 다녔다. 장소를 가리지 않고 어두운 골목이나 강가에 돗자리를 펴면 그곳이 곧 영업장이 되었다.

요타카 夜鷹
밤에만 활동하는 쏙독새를 뜻한다. 에도시대의 하급 매춘 여성을 가리키는 말로 밤이 되면 슬그머니 나타나 손님을 찾는 모습이 쏙독새와 닮았다고 해서 붙여진 이름이었다.

니하치 소바 ニハそば (2 × 8 =16)
밀가루와 메밀가루를 2:8 비율로 섞는
것이 찰기와 메밀 향을 동시에 살리는 황
금 비율로 통했다. 에도시대 중기부터 소
바 한 그릇의 가격은 16문㫷으로 거의 고
정되면서 '2×8=16문'이라는 계산과도
자연스럽게 연결된다. 이 때문에 니하치
소바는 '16문짜리 소바'를 뜻하는 동시
에 후대에는 '메밀 8, 밀가루 2'의 배합을
가리키는 표현이 되었다. 어원은 하나로
확정되지 않아서 더 에도스러운 말장난이
되었다.

요타카의 화대는 대략 24문㫷정도였다.
당시 소바 한 그릇이 16문이었으니 이들
은 국수 한 그릇 반 값 정도에 몸을 팔았던
셈이다.

희소성

총보다 강력했던
초콜릿이 대체 화폐로

: 생존과 위안의 가치를 바꾼 물물교환의 역사

배경 연도

1939년~1945년 제2차 세계대전

배고픔보다 무서운 공포,
그 고통을 잠재운 것은
담배와 초콜릿이었습니다.

—

"담배 한 갑이면 목숨값도 흥정할 수 있다."

　평소에는 편의점에서 5,000원이면 살 수 있는 담배가 과거 전쟁터에서는 빵과 술로 바꿀 수 있는 물건이 되고 때로는 살아남기 위한 마지막 티켓이 되기도 했습니다. 우리가 신용카드로 편리하게 결제하며 누리는 평범한 일상은 총알이 날아다니는 순간 얼마나 덧없고 무의미해지는 걸까요?

　1939~1945년 벌어진 제2차 세계대전은 전 세계 1억 명이 넘는 병사와 민간인을 전장으로 내몰았고, 그 가운데 최소 7,000만 명이 목숨을 잃었습니다. 모든 산업은 병기화되어 구두 공장은 군화를 찍어 냈으며 장난감 공장은 폭탄의 신관을 만들었죠. 국가의 모든 인프라가 오직 살인과 파괴를 위해 재편되었으며 전체 시스템은 '국가의 승리'라는 단 하나의 목적을 위해 극단으로 치달았습니다. 우리가 알던 문명의 상식은 그저 사치품이 되어 버렸죠.

　전쟁이 모든 질서를 무너뜨린 곳에서는 경제학의 이론도 국가의 법도 아무런 의미를 갖지 못했습니다. 국가와 법, 은행과 화폐가 모두 무너진 자리에 남은 것은 담배와 술, 초콜릿 같은 작은 물건들이었습니다. 이것들이 사람들의 삶을 좌우하는 새로운 화폐가 되었죠.

전쟁 중에 가장 시급한 것은 먹는 것이었습니다. 하지만 배고픔이 채워진다고 해서 포격이 멈추는 것도 두려움이 사라지는 것도 아니었습니다. 사람들은 결국 다시 고통과 마주해야 했습니다. 참혹한 전쟁을 버티게 한 원동력은 단순히 허기를 채우는 데서 나오는 것이 아니라 잠시라도 고통을 잊고 인간답게 숨을 돌리는 순간에서 나왔습니다. 때로는 빵이나 물조차 잠시 뒤로 미뤄야 할 만큼 고통을 잊는 일이 절박했죠.

그 결과 인간의 고통을 달래고 위안을 줄 수 있는 기호품이 가장 높은 가치를 갖게 됩니다. 흡연과 음주를 즐기는 그 순간만큼은 세상의 어떤 돈보다 소중한 가치가 있었습니다. 그 작은 위안이 곧 화폐가 되었고 사람들은 그것으로 삶의 무게를 견뎌 냈죠.

서부 전선에서 돈보다 귀했던 것들

제2차 세계대전 당시 서부 전선은 나치 독일과 미·영 연합군이 격돌한 핵심 전장이었습니다. 연합군은 나치 점령지의 해방과 독일 본토 진격을 목표로 치열한 공세를 펼쳤죠. 생사가 오가는 전쟁터에서도 장사는 멈추지 않습니다. 총성이 멎은 틈을 타 미군 병사들은 배급받은 담배와 초콜릿을 주머니에 넣고 거리로 나섰습니다.

1944년 미군이 노르망디에 상륙해 파리가 해방된 직후 미군 병사들이 가진 담배는 시내의 암시장에서 한 갑에 프랑스 와인 한 병으로 거래되었다는 기록이 남아 있습니다. 심지어 파리의 일부 레스토랑에서는 현금 대신 담배를 받고 식사를 제공하기도 했습니다. 당시 프랑스의 화폐 프랑 franc은 인플레이션과 유통 불능으로 사실상 종이 쪼가리에 가까웠기 때문

제2차 세계대전 정리

구분	서부 전선	동부 전선
주요 교전국	나치 독일 vs 미·영 연합군	나치 독일 vs 소련 (독소전쟁)
주요 무대	프랑스, 벨기에, 네덜란드 등 서유럽	러시아 평원, 우크라이나, 폴란드 등 동유럽
전쟁 성격	나치 점령지의 해방과 독일 본토 진격	이념에 기반한 절멸과 멸망전
지리적 특성	해안 상륙, 시가전 노르망디의 숲, 비교적 촘촘한 보급망	끝없는 지평선의 광활한 평원과 혹한 속에서의 보급 단절
교환 가치	풍요와 기호품 (담배, 초콜릿, 와인)	생존과 필수품 (소금, 비누, 스팸, 보드카)

이죠. 담배와 초콜릿은 점령지의 주민들과 거래할 수 있는 말 그대로 '돈'
이었습니다.

사람들은 늘 자신에게 없는 것을 원합니다. 전쟁터라고 해서 다르지 않
았습니다. 전쟁터에서는 더 남의 것이 더 좋아 보이기 마련이죠. 미군 병
사들은 독일군의 권총 루거 P08Luger P08(정식 명칭 Pistole 08)을 손에 넣기
위해 목숨을 걸었습니다. 전리품으로 가져가면 고향에서 영웅 대접을 받
을 만큼 독일제 권총은 귀한 선물이었습니다.

차이스 쌍안경Carl Zeiss Jena Dienstglas과 라이카 카메라Leica IIIc 역시 마찬
가지였습니다. 탁월한 광학 성능과 정밀한 기계 기술은 미국에서는 쉽게
구할 수 없는 것이었기에 병사들은 귀환할 때까지 그것들을 소중히 간직
했습니다.

반대로 독일군은 미군이 가진 담배와 초콜릿에 눈독을 들였습니다. 럭

미 육군 제101공수사단 101st Airborne Division

어깨의 독수리 문장과 'AIRBORNE' 탭은 미 육군 제101공수사단의 상징이다. 이 부대는 낙하산이나 글라이더를 이용해 공중에서 투입되는 부대로, 노르망디 상륙 작전과 벌지 전투 등 서부 전선 주요 전투에서 제82공수사단과 함께 활약한 미군의 대표적인 공수부대다.

스팸

장기 보관이 가능해 미군과 연합군의 보급 식품으로 널리 사용됐다. 미군은 지겹도록 먹었지만 보급이 부족했던 독일군이나 소련군에게는 최고의 음식이자 귀중한 단백질원이었다.

짐 빔 Jim Beam

본래 '올드 터브'Old Tub라는 이름으로 생산됐으나 금주법 이후 재건 과정에서 창업자 이름을 따 '짐 빔'으로 재정비됐다. 1943년부터 이 명칭이 본격적으로 사용됐으며, 당시 공식 보급품은 아니었지만 PX에서 구매하거나 고국에서 온 소포를 통해 전선으로 유입됐다. 야전에서는 라벨이 드러난 병을 들고 다니는 일은 드물었고 대게 금속제 플라스크에 옮겨 담아 휴대했다.

루거 권총 Luger P08

독일군을 대표적인 권총으로 미군 사이에서 인기 있는 노획 기념품이었다. 각진 외형과 '독일군 장교와 부사관의 무기'라는 상징성 덕분에 전리품으로 선호도가 높았으며 전선에서는 담배, 술, 식량과 교환되는 물품이기도 했다. 오죽하면 "미군 한 명을 움직이려면 초콜릿을 주고, 미군 한 소대를 움직이려면 루거 한 자루를 걸어라."라는 말이 있을 정도였다.

럭키 스트라이크

미군 사이에서 널리 소비된 대표적인 미국산 담배 브랜드(144쪽 참고). 본래 패키지는 녹색이었으나 1942년 "럭키 스트라이크의 녹색이 전쟁에 참전했다."Lucky Strike Green has gone to war라는 마케팅 문구와 함께 흰색으로 변경됐다. 이는 녹색 염료에 사용되던 구리와 크롬이 전쟁 물자에 필요했던 이유도 있으나 실제로는 전시 마케팅과 디자인 변경 효과를 노린 성격도 강했다.

독일 국방군

제2차 세계대전 당시 독일의 정규군으로 육군, 해군, 공군으로 구성된 군대였다. 히틀러 집권 이전부터 독일에는 기존 정규군인 국가방위군이 존재했지만 히틀러는 정규군 장교단을 신뢰하지 않았다. 이에 국가 군대와는 별도로 자신과 나치당에 충성하는 무장 조직을 육성하려 했다.

그 결과 독일에는 국가의 정규군인 국방군과 SS에서 발전한 별도의 무장 세력인 무장친위Waffen-SS가 병존하게 됐다. 국방군이 국가의 공식 군대였다면 무장친위대는 오직 히틀러 개인에 충성하고 나치당 권력을 뒷받침하는 정치군사 조직이었다.

키 스트라이크나 카멜 담배는 독일군 점령지에서 최고가에 거래되었고, 미국제 허쉬 초콜릿과 리글리 껌 또한 전선의 스트레스를 풀어 주는 귀한 사치품이었습니다. 심지어 미군의 스팸 통조림은 보급이 끊긴 독일군이나 굶주린 민간인에게 천상의 맛으로 느껴졌죠.

그다음으로 병사들이 집요하게 찾은 것은 술이었습니다. 보급이 끊긴 날이면 마을을 뒤져 술을 찾았고, 때로는 주민들과 물물교환을 통해 한 병의 술을 손에 넣었습니다. 술은 공포와 피로, 끝없는 긴장 속에서 잠시나마 현실을 잊게 해 주는 가장 빠르고 확실한 도피처였죠..

인기 있던 미국 담배 브랜드

종류	설명
럭키 스트라이크 Lucky Strike	제2차 세계대전의 상징적인 담배 브랜드. 미군의 배급품으로 전후 유럽에서는 미군의 존재를 상징하는 물품으로 자리 잡았고, 배급품에 지속적으로 포함돼 병사 선호도 1위를 기록했다. 점령지 암시장에서는 사실상 화폐처럼 유통됐다.
카멜 Camel	미군과 적십자 배급망을 통해 대량 보급된 담배로, 진한 맛으로 인기를 끌었다. 1943년 '군대가 선택한 담배'First in the Service 라는 광고 슬로건으로 군대 중심 마케팅 캠페인을 진행하며 G.I.(미군 병사) 사이에서 럭키 스트라이크 다음으로 선호도가 높았다. 강한 맛으로 고정 팬층을 확보했다.
체스터필드 Chesterfield	다양한 배급품에 포함되며 미군은 물론 연합군 전반에 친숙한 담배 브랜드로 자리 잡았다.

동부 전선 병사들이 생존을 위해 거래한 것들

역사상 가장 잔인한 전장으로 기록된 동부 전선. 나치 독일과 소련의 이념적 광기가 폭발한 처절한 현장에서도 서부 전선과 상황이 크게 다르지 않았습니다. 독일군은 전쟁터에서 돈으로는 확보할 수 없는 생존을 위해 약탈과 물물교환에 나섰죠. 소련 점령지의 주민들에게는 소금, 비누, 술, 담배 같은 물자가 화폐였습니다. 현지 농민들은 독일군에게 음식을 내주었고 그 대가로 담배 한 갑이나 비누 한 장을 받았습니다. 최전선의 독일 병사들 사이에서도 사정은 같았습니다. 현금은 아무런 쓸모가 없었고 담배 몇 개비와 비누 한 장이 이발이나 물품 교환의 기준이 되었습니다.

포로수용소 역시 예외가 아니었습니다. 독일의 스탈라크Stalag 포로수용소에서는 국제 적십자사가 배급한 담배가 사실상 화폐로 기능했습니다. 시기와 수급 상황에 따라 시세 차이가 있었지만 포로들은 대체로 빵한 조각을 담배 세 개비에 사고, 이발 서비스는 담배 두 개비에 거래했습니다. 담배뿐만 아니라 잼, 면도날, 종이 같은 물건조차 화폐로서의 기능을 수행하며 거래 대상이 되었죠. 카드놀이에서는 담배 수십 개비가 판돈으로 걸리기도 했습니다.

소련군 역시 점령지에서 술과 시계, 각종 개인 물품을 약탈하거나 주민들과 거래했습니다. 특히 시계에 대한 집착은 악명이 높았습니다. 승전의 보상과 점령지의 풍요를 손목 위에 올려놓은 상징으로 여겨졌기 때문입니다. 베를린 점령 직후 촬영된 상징적 사진에서조차 소련 병사의 손목에 시계가 두 개 보였고, 약탈의 흔적으로 비칠 수 있다는 이유로 공식 사진에서는 시계가 지워졌다는 이야기가 남아 있을 정도였죠.

그다음으로 병사들이 집요하게 찾은 것은 술이었습니다. 보급이 끊긴 날이면 마을을 뒤져 술을 찾았고, 때로는 주민들과 물물교환을 통해 한 병의 술을 손에 넣었습니다. 술은 공포와 피로, 끝없는 긴장 속에서 잠시나마 현실을 잊게 해 주는 가장 빠르고 확실한 도피처였죠.

식료품에 대해서도 빼놓을 수 없습니다. 소련군에게 총알만큼이나 절실했던 것이 바로 미국의 무기대여법Lend-Lease을 통해 들어온 스팸이었습니다. 소련군은 낯선 미국제 돼지고기 통조림을 '제2의 전선'이라는 별명으로 부르며 즐겨 먹었습니다. (나중에는 현지인의 입맛에 맞춘 투숀카tushonka라는 통조림이 보급되었습니다.)

동부 전선에서는 소련군의 PPSh-41 기관단총이 독일군 사이에서 인기가 높았습니다. 71발 드럼 탄창과 빠른 연사력을 갖춘 무기였기에 독일군은 이 무기를 소련군에게서 빼앗는 즉시 곧바로 전투에 사용하는 경우도 많았습니다. 혹한의 겨울을 버티기 위해 소련제 발렌키(털부츠)와 방한모도 귀하게 여겨졌죠. 그리고 '소련 인민의 위안'으로도 불렸던 보드카 또한 극심한 추위와 공포, 지루한 참호 생활에서 잠시나마 현실을 잊게 해주는 유일한 도피처였습니다.

전쟁이 막바지로 접어들 무렵 독일의 본토는 더 이상 화폐로 물건을 살 수 있는 곳이 아니었습니다. 식량과 생필품은 언제나 부족했고 독일의 화폐 마르크화는 사실상 가치를 잃은 상태였습니다. 그 빈자리를 채운 것 역시 연합군 병사들이 가져온 기호품이었죠.

특히 초콜릿은 작은 부피에 고열량을 담고 있어 매우 실용적인 간식이었습니다. 전투 중에는 빠르게 에너지를 보충할 수 있는 식량이 필요했기 때문에 미군은 전투 식량에 허쉬 초콜릿 바를 기본으로 포함시켰습니다. 그러나 당시 일반 민간인에게는 구경조차 하기 어려운 고급품이었기에 전장에서 초콜릿은 귀한 사치품으로 인식되었습니다.

이 작은 간식이 민간인들 사이에서 최고급 기호품이자 실질적 화폐처럼 기능한 것은 단순히 달콤했던 이유만이 아니었습니다. 전쟁터는 언제

허쉬 초콜릿

미군 전투식량에 포함된 대표적인 보급품으로 전투용 비상식량과 '트로피컬 바' 형태로 지급됐다. 트로피컬 바는 고온에서도 녹지 않도록 설계된 초콜릿으로 미군의 풍부한 보급 체계를 상징했지만 병사들이 간식처럼 소비하지 않고 비상시에 섭취하도록 일부러 맛있지 않게 만들었다. 그러나 전쟁에 시달리던 유럽 아이들에게는 여전히 귀한 단 음식이자 낯선 풍요의 상징이었다. 이 초콜릿은 단순한 간식을 넘어 누군가에게는 선물이자 생존 수단이었으며 전쟁의 끝을 예감하게 하는 작은 희망이기도 했다.

점령지의 여성과 삭발

아기를 안은 채 미군을 바라보는 여성의 눈빛에는 안도와 공포가 공존한다. 점령군과 해방군이 바뀔 때마다 삶의 기준 역시 함께 흔들릴 수밖에 없었다. 여성들은 점령기 동안 성폭력의 위험에 노출됐고, 해방 이후에는 자국민에게 '삭발' 당하며 조롱받는 사적 제재의 대상이 되기도 했다. 전장의 참혹함은 총과 칼에서만 비롯된 것이 아니었다. 무너진 일상에서 가족을 지키기 위해 치욕을 감내해야 했던 여성들의 삶 역시 전쟁이 남긴 깊은 상처였다. 아이들에게는 이 모든 상황이 이해할 수 없는 공포였고, 병사들이 건네는 작은 물건 하나는 잠시나마 두려움을 잊게 해주는 순간이 되기도 했다.

나 불안과 긴장, 두려움으로 가득했고 초콜릿의 당분은 즉각적으로 스트레스를 완화해 주는 작용을 하며 정신적 위안을 주는 물질이었죠. 심리적 안정과 만족감을 유도하는 데 탁월한 효과를 발휘했던 것입니다. 전장에서 초콜릿 한 조각은 단순한 간식을 넘어 고통을 잊게 해주는 진정제였던 셈입니다.

인간 존엄의 거래

많은 독일의 여성들은 극심한 궁핍 속에서 살아남기 위해 연합군 병사들에게 다가갈 수밖에 없었습니다. 초콜릿 한 조각, 담배 한 갑을 대가로 자신의 몸까지 거래해야만 했습니다. 이는 개인의 욕구나 향락을 추구하기 위한 선택이 아닌 굶주린 가족과 자신이 살기 위한 필사적인 생존 방법이었습니다.

전쟁은 아이들에게서 놀이를 빼앗고 거래를 가르쳤습니다. 작은 체구의 아이들은 폐허 사이를 누비며 암시장의 연락책이나 운반책 역할을 자처했습니다. 생존을 위해서라면 도둑질도 예사로운 일이었죠. 폭격으로 무너진 건물 사이를 기어다니며 구리선이나 금속 조각을 주워 모았고, 이를 담배 한 개비와 바꾸기 위해 군부대 근처를 유령처럼 배회했습니다.

그렇다면 사람들은 그것을 비도덕으로 보았을까요, 아니면 생존을 위한 불가피한 선택으로 받아들였을까요? 당시 독일인들 사이에서는 도둑질이나 부정한 거래를 '훔친다'고 하지 않았습니다. 대신 '오가니지렌'organisieren이라는 은어로 불렀죠. 이것은 도덕적 죄책감을 덜어 내기 위한 묘한 심리가 담긴 언어적 장치였습니다. "훔쳤다"라고 하면 죄책감이 들지만 "오가니지렌했다"라고 하면 '나는 범죄를 저지른 것이 아니라 전쟁터에서 살아남기 위해 물자를 조달하고 있다'라는 식의 집단적 자기합리화가 사회 전반에 널리 퍼져 있었던 것입니다.

이처럼 전쟁은 국가와 경제뿐 아니라 인간의 존엄마저 값으로 매겨 거래하는 비극을 초래했습니다. 문명이 붕괴한 자리에서 인간은 결국, 자신을 잠시라도 위로해 주는 것을 새로운 돈으로 삼게 되었기 때문입니다.

전 재산을 털어도 못 샀다? 제2차 세계대전 '황금알'의 정체

제2차 세계대전 당시 신선한 달걀 한 알은 일종의 특권이었습니다. 닭을 키우려면 곡물 사료가 필요했지만 전쟁 중에는 사람이 먹을 곡물 확보가 최우선 과제였죠. 가축용 사료는 자연스럽게 후순위로 밀려났고 해상 봉쇄로 사료 수입마저 끊기면서 달걀 생산량은 급격히 감소했습니다.

영양가가 풍부한 달걀은 군인과 부상병의 회복식으로 우선 배정되었고 민간인에게 돌아갈 몫은 거의 없었죠. 여기에 연료 부족과 유통망의 마비까지 겹치면서 농가에서 어렵게 생산된 달걀조차 도시로 운반할 수 없게 되었습니다. 결국 신선한 달걀은 군대의 전유물이 되었고 민간인의 식탁에서는 완전히 사라졌죠.

제2차 세계대전 동안 식량을 수입에 의존하던 영국은 달걀을 철저히 통제하기 시작했습니다. 성인 1인당 신선한 달걀 배급량은 일주일에 단한 알. 공급이 부족할 때는 2주에 한 알, 혹은 몇 주 동안 한 알도 받지 못하는 경우도 흔했죠. 신선한 달걀의 공급 부족이 심각한 지경에 이르자 그 자리를 분말 달걀(건조 달걀)이 대신하게 되었습니다. 미국은 무기대여법 프로그램을 통해 동맹국, 특히 영국에 막대한 양의 분말 달걀을 공급했죠.

▲ 제2차 세계대전 중 영국에서는 우유와 달걀 등 건조 식품을 배급제로 공급했다.

분말 달걀은 보관과 수송에는 용이했지만 맛과 식감은 신선한 달걀과
비교할 수 없었습니다. 많은 사람들이 분말 달걀 특유의 냄새와 퍽퍽한
식감을 매우 싫어했음에도 단백질 공급원이 절대적으로 부족한 시기였기
에 먹을 수밖에 없었죠. 그나마 달걀의 맛을 조금이라도 느낄 수 있음에
감사해야 했습니다. 이는 당시 사람들이 신선한 달걀을 얼마나 갈망했는
지를 보여 줍니다.

진격 중 버려진 농가에서 살아남은 닭이나 달걀을 발견하는 것은 병사
들에게 엄청난 행운이었으며 끔찍한 전투 식량에 질려 있던 병사들에게
최고의 별미이자 잠시 고향의 맛을 떠올리게 하는 최고의 사기 진작제였
습니다.

극심한 파괴와 수탈을 겪은 동부 전선(소련, 폴란드 등)과 서부 전선(프랑
스, 네덜란드 등)에서는 식량 시스템이 사실상 완전히 붕괴되었습니다. 전
쟁으로 농경지는 황폐해졌고 가축은 군대에 의해 징발되거나 무차별 포

격 속에서 죽임을 당하기도 했습니다. 나치 독일은 점령지의 식량을 체계적으로 수탈해 독일 본토와 군대로 보냈고, 그 결과 지역 민간인들은 만성적인 기아에 시달렸습니다. 특히 레닌그라드의 공방전과 1944~1945년 네덜란드의 대기근, 이른바 '기아의 겨울'Hongerwinter은 재앙에 가까운 상황이었습니다.

전쟁이 극심해지면 화폐 가치는 폭락했고 그와 반대로 달걀의 가치는 급격히 치솟았습니다. 누군가 목숨을 걸고 시골에서 달걀을 구해 도시의 암시장으로 가져온다면 그것은 의약품이나 고급 술과 같은 귀중품으로 물물교환되었습니다. 전장의 한복판에서 달걀의 가격은 시장 논리가 아니라 생존의 절박함에 의해 결정되었습니다. 말 그대로 부르는 게 값인 절대적인 가치를 지닌 물건이었죠. 굶주리는 아이나 병든 가족에게 달걀 한 알을 먹이기 위해 전 재산을 내놓았다는 이야기도 전해집니다.

그리고 시간이 흘러 2026년. 이제 아무도 달걀 한 알에 감동하지 않습니다. 마트나 편의점에서도 쉽게 구할 수 있으니까요. 어쩌면 이 평범한 일상이야말로 전쟁이 끝났음을 보여 주는 가장 확실한 증거가 아닐까요? 평범한 식탁 위 달걀 한 알의 온기가 다시는 전쟁으로 식지 않기를….

제3장

자본과 문명

: 문명의 흐름을 바꾼 크고 작은 동력

흥행

죽고 사는 경기의
흥행 공식

: 로마 검투사와 엔터테인먼트 산업

1~2세기 고대 로마시대

2,000년 전 로마인들을
열광시킨 위험천만한
'도파민'의 정체는?!

요즘 축구 팬들은 VAR 판정(비디오 판독) 하나에도 마치 심판이 국가 반역자라도 된 것처럼 분노를 터뜨립니다. 패널티킥이나 골 인정 여부가 결정되는 순간이면 "심판 눈이 어디에 달렸냐!"라고 외치며 격하게 반응하죠. 그런데 사실 VAR 시스템은 축구 역사 전체로 보면 몇 년 전 갑자기 생겨난 '신규 패치'에 불과합니다. 100년 넘게 이어져 온 경기 규칙이 있지만 심판의 눈만 믿고 판정하기에는 팬들의 열정이 너무 뜨겁다는 이유로 최근에 도입된 완전히 새로운 풍경이죠.

E-스포츠의 경우는 어떨까요? 자신이 애용하던 챔피언(캐릭터)이 너프nerf(게임 밸런스를 맞추기 위해 성능을 하향 조절)를 당하면 "망겜(망한 게임)!"을 외치며 모니터 앞에서 혈압을 올리는 장면은 E-스포츠 팬들에게 익숙한 풍경입니다. 그런데 2,000년 전 로마 시민들도 오늘날 우리와 똑같았습니다.

포도주 들고 직관하는 로마판 UFC

"레티아리우스 그물은 사기다. 저건 기술이 아니라 치트키다!"

"세쿠토르 방패 판정 좀 상향해 달라고! @#$%!!"

광대한 로마제국의 심장부에서 시민들은 한 손에는 배급받은 빵을, 다른 한 손에는 물로 희석한 포도주인 포스카posca를 쥐고 장대한 원형경기장으로 하나둘 모여들었습니다. 목적은 단 하나, 검투 경기를 즐기기 위해서였죠.

뜨거운 태양 아래 펼쳐진 원형경기장의 모래는 검투사들의 피로 물들었고 관중의 함성은 천지를 뒤덮었습니다. 한 검투사가 무릎을 꿇고 있고 심판의 손짓 하나로 그의 운명이 결정되는 순간, 로마인들은 숨을 죽인 채 그 잔혹한 결말을 지켜보았습니다.

사실 우리가 영화 〈글래디에이터〉나 〈스파르타쿠스〉에서 본 생사를 건 경기 장면은 실제 역사보다 상당히 과장된 측면이 있습니다. 영화는 극적 긴장감을 극대화하고 로마제국의 잔혹성을 상징적으로 부각하며 주인공의 생존 투쟁을 더욱 드라마틱하게 보여 주기 위해 경기의 폭력성을 강조하기 마련이죠.

실제로 로마제국의 검투 경기는 단순한 폭력적 오락이나 무작위 살육전이 아니라 치밀하게 계산된 연출 아래 진행되는 극적인 쇼에 가까웠습니다. 경기 일정, 무기 구성, 전투 스타일, 관중의 요구가 결합되어 흥행성과 긴장감을 극대화하도록 설계된 이벤트였던 것입니다.

검투사는 대중의 환호를 받는 상징적 인물로 자리매김했고, 검투 경기는 관객을 사로잡기 위해 수익성과 극적인 요소를 정교하게 결합한 거대한 고대 엔터테인먼트 산업이었습니다. 오늘날의 프로복싱이나 종합격투기처럼 로마에도 경기 운영을 담당하는 주최자와 기획자가 있었고 경기 형식과 규모, 참가자의 명성에 따라 수익이 철저히 관리되었습니다.

로마 검투사들은 수많은 전투를 치르며 명성과 인기를 얻었지만 그들은 어디까지나 전쟁 포로이자 노예였습니다. 전쟁 포로가 대거 유입되던 시기에는 살생을 동반한 경기가 상대적으로 더 자주 열리기도 했지만 의외로 검투사들은 단순히 소모되는 존재만은 아니었습니다. 검투사를 전문적으로 관리하고 거래하던 훈련소 운영자 '라니스타'lanista에게 검투사는 막대한 비용과 시간이 투입된 중요한 자산이었죠.

베테랑 검투사 한 명을 길러 내기 위해서는 상상을 뛰어넘는 투자가 필요했습니다. 때문에 라니스타는 검투사들이 가능한 한 오래 살아남아 더 많은 경기에 출전할 수 있도록 관리했고, 인기 스타로 띄우기 위해 다양한 노력을 기울였습니다.

다만 흥행이 저조하면 더 위험한 경기에 투입되는 일도 있었고 수익을 위해 목숨을 담보로 삼는 상황도 빈번했습니다. 검투사 경기의 화려한 모습 뒤에는 잔혹한 생존 경쟁과 비극적인 운명이 자리하고 있었으며, 그들의 생명은 철저히 소유자의 재산으로 평가되었죠.

알고 보면 소름 돋는 검투사 포지션 정리

검투사는 경기 방식에 따라 짐승과 싸우는 베스티아리우스Bestiarius, 인간과 싸우는 글라디아토르Gladiator로 나뉩니다. 글라디아토르가 바로 우리가 흔히 알고 있는 '글래디에이터'의 라틴어 원형입니다. 글라디아토르 병종(전투 유형)은 무장, 전투 방식, 역할에 따라 세분화되며 각기 다른 전술적 대결과 시각적 즐거움을 제공했습니다.

글라디아토르에서 가장 전형적인 병종인 '무르밀로'Murmillo는 물고기 모양 투구와 대형 방패(스쿠툼), 짧은 검(글라디우스)을 사용했습니다. 로마 군단병을 본뜬 이 병종은 공격과 방어의 균형이 뛰어나 경기의 기본 축을

▲ **죽음의 쇼 '맹수 사냥 시합'(베나티오**Venatio**)** | 짐승을 상대하는 베스티아리우스 혹은 전문 사냥꾼인 베나토르Venator를 묘사한 장면이다. 쓰러진 동료 사이로 사바티스SABATIS라는 이름으로 추정되는 남자가 황소의 가슴에 창을 찔러 넣고 있다.

이루는 존재였습니다.

레티아리우스Retiarius는 그물과 삼지창을 사용해 싸우는 기동형 병종입니다. 어부를 모티브로 상대방에게 그물을 던져 낚아채는 전투 방식은 다소 비정통적이고 치사해 보이면서도 독특한 긴장감을 만들어 냈습니다. 승률이 특히 높았던 병종으로 전해지며 투구를 착용하지 않아 얼굴과 신체가 그대로 드러났기에 스타성이 발현되기 쉬웠습니다.

세쿠토르Secutor는 레티아리우스와 대결하도록 특화된 중무장 병종입니다. 매끈한 형태의 투구와 방패, 짧은 검으로 무장하고 레티아리우스를 추격하며 근접전을 유도하는 것이 특징이지만 오히려 체력 소모로 고전하는 경우가 많았습니다.

호플로마쿠스Hoplomachus는 그리스 중장보병을 모방한 병종으로, 창과 원형 방패를 사용하며 공격과 방어가 균형 잡힌 전투를 펼쳤습니다. 이들은 그리스 신화 속 영웅을 연상시키며 로마 관중의 향수를 자극하며 새로운 볼거리를 제공했죠.

트라엑스Thraex는 발칸반도 트라키아 지역 전사의 이미지에서 유래한 병종으로, 곡선형 검을 사용해 상대의 방패를 비껴 가며 공격하는 독특한 전투 스타일로 인기를 끌었습니다.

우리가 게임에서 스킬을 쓰려면 MP(게임 캐릭터가 특수 능력을 쓸 때 필요한 에너지 수치)가 소모되죠. 강력한 스킬일수록 높은 MP를 요구하는 것이 일반적이며, 만약 규격 외에 강한 스킬이 등장하면 게임의 공정성을 위해 밸런스 조정이 이루어지기도 합니다.

로마의 검투 경기 역시 이런 균형 감각 측면에서 크게 다르지 않았습니다. 게임의 밸런스를 맞추기 위해 포지션에 따라 사용할 수 있는 무기와 장비가 다르게 주어졌고, 특정 포지션이 지나치게 강력하다 싶으면 방어구(몸을 보호하는 장비)를 제한하거나 상대방에게 갑옷을 더 입혀 전투의 균형을 맞추려고 했습니다. 즉, 무언가 이득을 얻으면 무언가를 잃게 되는 소위 '트레이드오프'trade-off 시스템이 로마의 검투 경기에도 적용된 셈입니다.

예를 들어 세쿠토르(검, 투구, 사각 방패 사용)는 투구로 얼굴 전체를 가릴 수 있지만 투구의 눈구멍이 매우 작아서 시야가 극도로 제한되었고 투구의 면적이 좁아 호흡곤란까지 감수하면서 싸워야 했습니다. 반면 그물과 삼지창을 무기로 사용하는 레티아리우스는 삼지창의 긴 사거리와 그물이라는 변칙적인 장비 덕분에 공격에서 우위를 점할 수 있었지만 방어구를 최소한만 착용해야 했습니다.

레티아리우스 ●┄┄┄┄┄┄┄┄┄┄┄┄┄┄┄┄┄┄┄┄┄

라틴어로 '그물을 던지는 사람'을 뜻한
다. 중장갑 검투사를 상대로 기동성을 극
대화한 전술을 구사했다. 검투사 중에서
가장 이질적이고 기술적인 유형으로 관중
들에게 인기가 높았다.

장비: 투망, 삼지창, 단검을 사용했다. 투
구와 방패 없이 왼팔에 마니카(보호대),
어깨에 갈레루스(보호대)를 장착했다.

무르밀로 ●┄┄┄┄┄┄┄┄┄┄┄┄┄┄┄┄┄┄┄┄

투구의 모양이 물고기(라틴어로 무르밀로)
를 닮았다고 해서 붙여진 이름. 주로 호플
로마쿠스와 맞붙어 '로마인 대 이국 전사'
구도를 만들거나 레티아리우스와 대결해
서 어부가 물고기를 잡는 장면을 연출하
기도 한다.

장비: 로마 군단의 상징인 짧은 검(글라디
우스), 대형 사각 방패(스쿠툼)로 무장했
다. 물고기 지느러미 모양의 화려한 볏이
달린 투구, 오른팔에 마니카, 왼다리에 짧
은 경갑을 장착했다.

세쿠토르 ●

라틴어로 '추격자'라는 뜻으로 레티아리우스를
상대하기 위해 특화된 전용 카운터 검투사. 기본
장비는 무르밀로와 유사하지만 레티아리우스에
대응하도록 투구가 특화되어 있다. 투구 착용으
로 시야가 좁아지고 호흡이 힘들어 체력이 다하
기 전에 승부를 내야 하는 약점이 존재했다.
장비: 매끄러운 달걀형 투구가 핵심. 레티아리
우스의 그물에 걸리지 않도록 투구의 돌출부를
최소화했으며, 검(글라디우스)과 대형 사각 방패
(스쿠툼)를 사용했다.

호플로마쿠스 ●

그리스 중장 보병인 호플리테스hoplitēs에
서 유래했다. 창을 이용해 거리를 두고 싸
우다가 상황에 따라 근접전이 벌어지면
단검으로 전투를 이어갔다.
장비: 긴 창(하스타), 보조용 단검, 소형
둥근 방패(파르물라)로 무장했다. 화려한
깃털 장식 투구와 양다리에 높은 경갑을
착용했다.

주요 병종별 특징

병종	특징(장점)	페널티(단점)	주요 라이벌
무르밀로	표준적인 군단병 장비 (안정적)	무거운 방패로 인한 체력 소모	트라엑스, 호플로마쿠스, 레티아리우스
레티아리우스	긴 사거리, 그물을 이용한 포획	갑옷 극히 일부 착용 (거의 맨몸), 투구 없음	세쿠토르
세쿠토르	매끈한 투구 (그물에 잘 안 걸리는 내성이 있음)	극도의 시야 제한, 호흡곤란	레티아리우스

지루할 틈 없는 로마의 검투 리얼리티 쇼

오늘날 프리미어리그의 손흥민 선수나 E-스포츠의 페이커 같은 선수가 경기에서 한 번 졌다고 바로 은퇴시키거나 방출하지 않죠? 로마의 검투사도 마찬가지였습니다. 라니스타(훈련소장) 입장에서 검투사는 '갈아 끼우는 소모품'이 아니라 막대한 식비, 의료비, 훈련비 그리고 긴 시간을 들여 길러 낸 '전략 자산'이었죠.

만약 경기를 하다 숙련된 검투사가 죽으면 어떻게 될까요? 주최자는 라니스타와 시합 전에 맺은 계약에 따라 라니스타에게 상당한 액수의 손실보상금(위약금)을 지급해야 했습니다. 마치 수십억 원짜리 초호화 하이퍼카를 렌트했다가 완전히 손상시킨 상황에 비유할 수 있겠습니다. 이런 점에서 검투사는 FA 시장의 귀한 몸이었죠.

놀랍게도 경기장에는 '숨마 루디스'summa rudis라는 심판도 있었습니다. 역할은 오늘날의 주심과 비슷했습니다. 경기가 지나치게 일방적으로 흐르거나 한쪽이 치명상을 입을 것 같다고 판단되면 경기를 중단시키기도 했죠. 관객들이 원하는 건 수준 높은 기술의 향연이지 몇 초 만에 끝나는

▲ **"생각만큼 많이 죽지 않았다. 어디까지나 생각만큼은….."** | 4세기경 고대 로마 저택(보르게세 저택)에서 발견된 검투 경기 모자이크의 일부. 스타 검투사들로 '리켄티오수스'LICENTIOSVS, '아스타키우스'ASTACIVS 같은 이름이 보이며 이름 옆의 'θ'(세타) 기호는 사망했음을 뜻한다. 벽화 속 검투사들이 맨발인 이유는 모래 위에서 기동성과 접지력을 극대화하기 위한 전술적 선택이었다.

'묻지 마 살인'이 아니었으니까요. 반대로 경기가 지나치게 늘어져 관객들이 지루해할 조짐이 보이면 채찍(가끔씩 뜨거운 인두)을 든 독려 담당 스태프(인키타토르incitator)를 투입해 게임을 박진감 넘치고 재미있게 연출하기도 했습니다.

판정 방식에 흥미로운 점도 있었습니다. 패배한 검투사가 최선을 다해 싸웠다고 판단되면 관중은 '미시오'Missio를 요구했는데 이는 '이번 한 번만 살려 준다'라는 뜻입니다. 기록에 따르면 로마 전성기 시절 검투 경기의 사망률은 대략 10~20퍼센트 내외로 추정된다고 합니다. 생각보다 생존율이 꽤 높았죠? 10명 중 1명이 죽는다는 통계가 다소 신경 쓰이지만 어쨌든 검투사는 오래도록 흥행을 견인해야 할 '롱런 스타'였던 셈입니다.

인기 검투사들의 화려함 뒤의 현실

검투사는 대체로 노예 신분에서 출발했지만 경기 활약에 따라 관중의 환호를 받는 스타가 되거나 후원자, 귀족 여성의 관심을 끌기도 했습니다. 그러나 로마 사회에서 검투사는 인파미아infamia, 즉 법적으로 불명예스러운 존재로 간주돼 화려한 인기와 깊은 멸시 속에서 살아야 했죠. 그들의 삶은 철저히 통제됐고 자유는 타인의 판단에 달려 있었으며, 경기결과에 따라 생사가 갈리는 극단적인 운명을 감내해야 했습니다. 로마 황제 클라디우스Claudius는 검투사 경기의 열성적인 애호가로 알려져 있으며, 특히 투구를 쓰지 않은 레티아리우스의 얼굴에 드러나는 고통과 공포의 표정을 보는 데 쾌감을 느꼈다고 전해집니다. 앞서 검투사들이 생각만큼 사망률이 높지 않았다고 이야기했죠? 그러나 황제의 말 한마디는 곧 생사를 가르는 판결이었고 이런 권력자들의 변덕 앞에서 검투사들은 어떤 희망도 가질 수 없었습니다.

검투사의 죽음은 경기의 결과가 아니라 권력자와 관중의 잔혹한 심리적 만족을 위해서 소비되는 희생에 가까웠습니다. 승리조차 다음 경기를 보장하지 못했고 검투사들의 삶은 언제든 허무하게 끝날 수 있었습니다.

공화정 말기 여러 내전이 끝난 뒤 로마는 '팍스 로마나'Pax Romana라 불리는 안정의 시대에 접어들게 됩니다. 제국은 사회 통합과 대중의 지지를 얻기 위한 수단으로 검투 경기를 적극 활용했죠. 이 시기의 경기는 죽음으로 끝나는 것이 아니라 오히려 관객의 환호와 감정적 몰입을 끌어내는 극적 연출에 초점을 맞췄습니다. 때문에 일방적인 승부보다는 접전을 연출하고 극적인 순간을 만들어 내는 것이 흥행의 핵심 전략이었죠.

가만히 생각해 보면 시대는 달라졌어도 스포츠를 관람하는 관중의 본능만큼은 크게 변하지 않은 듯합니다. 과거의 로마 시민들은 포스카를 마시며 "그물쟁이를 쓰러뜨려라!"라고 외쳤고 오늘날 우리는 맥주에 치킨을 뜯으며 심판의 판정에 분노하고 있으니까요.

귀부인
로마의 상류층 여성은 법적으로는 아버지나 남편의 권한 아래 있었지만 가정에서는 상당한 영향력을 행사할 수 있었다. 부유한 귀족 가문에서는 사적 공간과 재산, 노예 관리 권한의 일부 맡아 개인적 욕망을 실행할 여지도 존재했다. 그러나 이러한 자유는 가문의 사적 영역에서만 허용됐고 외부로 드러나는 스캔들은 곧 가문의 명예와 직결됐다. 따라서 검투사와의 관계는 발각될 경우 모든 것을 잃을 수 있는 위험한 선택이었다.

망을 보는 시녀
로마의 대가문에는 다양한 역할의 노예가 있었으며, 그중에는 주인의 사적인 일을 보좌하는 개인 시녀도 있었다. 이들은 주인의 비밀을 공유하고 때로는 이를 은폐하는 역할을 맡기도 했다. 목에 착용한 금속 띠는 신분을 드러내는 장치로 일부 노예들은 도망 방지와 식별을 위해 소유주나 신분 정보를 새긴 목걸이를 착용했다.

루디스rudis
검투사가 훈련에 사용하는 목검이자 자유를 상징하는 물건. 경기에서 뛰어난 성과를 거두거나 주최자 혹은 소유주의 인정을 받으면 '누구의 검투사였으며 누구에 의해 자유가 주어졌는지'를 새긴 목검을 하사받아 해방되는 사례가 적지 않았다. 이는 더 이상 싸우지 않아도 되는 검투사에게 주어지는 상징적 증표였기에 이 귀부인의 약속은 단순한 위로가 아니라 생존과 해방을 조건으로 한 거래에 가까웠다.

관습

일본인들이 토끼를
'새'라고 우긴 이유는?

: 일본 육식 금지령과 식문화의 역사

배경 연도

7세기 후반 ~ 19세기 후반 일본

먹을 것인가, 굶을 것인가…
왜 굶주린 사무라이는
송아지 앞에서 절망했을까?

17세기 일본, 여기 무사 수행 중인 한 사무라이가 있습니다. 말이 좋아 무사 수행이지 취업 준비생 겸 동네 백수에 가까웠던 그는 며칠째 굶어 생사의 기로에 서 있습니다. 그러던 중 하늘이 도왔는지 길가에 쓰러진 죽은 소 한 마리를 발견합니다.

오늘날로 치면 눈앞에 곱창, 1^{++}등급 등심, 안심 스테이크가 풀코스로 차려진 꿈같은 상황이지만 그는 도덕적 딜레마에 직면합니다. 송아지의 순한 눈망울 때문이었을까요? 아닙니다. 그를 괴롭힌 것은 당시 일본 사회에 깊이 뿌리 내려져 엄격하게 지켜지고 있던 '육식 금지령' 때문이었습니다.

1,200년간 이어진 금기와 법망을 피해가는 일본인들의 지혜

일본이 공식적으로 육식을 시작한 역사는 150여 년밖에 되지 않습니다. 오늘날 일본을 대표하는 고기 요리인 돈가스, 스키야키, 와규 역시 모두 1872년 이후에 등장한 음식들입니다. 이처럼 일본에 육식 문화가 늦게 자리 잡은 데에는 역사적 이유가 있습니다.

시간을 거슬러 올라가 675년, 일본 역사상 강력한 권력을 행사했던 덴

사체 처리는 누가 했나?

에도시대에 자연사^死한 소나 말을 처리하는 일은 주로 차별받던 계층인 '에타'^{穢多}가 맡는 경우가 많았다. 이들은 막부의 신분 질서 아래에서 사농공상 바깥의 하위 신분으로 취급됐으며, 죽은 소나 말의 처리와 피혁 제조, 때로는 처형 보조 같은 기피 업무까지 떠맡았다. 에타라는 명칭 자체도 오염과 부정을 뜻하는 글자를 담은 멸칭이었다.

낭인^{浪人}

주군을 잃거나 소속된 번^藩을 떠나 방랑하게 된 무사 계층. 에도시대 초기의 낭인은 주로 막부의 영지 몰수 정책(개역改易)으로 한꺼번에 생겨난 전쟁 숙련자들이었다. 이들은 막부의 입장에서 단순한 실업자가 아니라 체제를 위협할 수 있는 불안 요소였으며 실제로 대규모 반란의 주축이 되기도 했다. 신분상 무사의 특권(성씨와 칼)은 유지했으나 봉록이 없어 극심한 빈곤에 시달렸고 생계를 위해 경호나 하급 노동에 종사하며 연명했다.

▲ **덴무 덴노**(재위 673~686년) | 일본의 제40대 왕으로 중앙집권체제를 강화하며 율령국가의 기틀을 마련했다.

무 덴노天武天皇는 '살생하지 말라'는 불교의 교리에 근거해 육식 금지령을 반포했습니다. 그는 7세기 일본의 중앙집권 체제를 정립한 인물입니다. 그런데 이 사람, 원래부터 왕이었던 건 아닙니다. 왕위 계승 전쟁에서 조카를 밀어내고 권좌를 차지했죠. 그러나 피로 얻은 권력은 늘 불안합니다. 게다가 조카뿐만 아니라 수많은 사람을 죽였으니 잘못하면 언젠가 다른 칼이 자신을 향할지 모른다는 불안함이 있었죠.

'어떻게 이 자리를 오래 지킬 것인가?'

그래서 선택한 방법이 종교였습니다. 마침 한반도를 통해 전래된 불교는 당시 동아시아에서 가장 강력했던 최첨단 통치 사상이었습니다. 우리나라 삼국시대에도 불교 도입이 국가 운영의 핵심이었던 것처럼 말이죠. 요즘 식으로 말하면 국가 운영에 필요한 '기본적인 시스템 소프트웨어'os를 설치한 셈입니다.

결과적으로 육식 금지령은 메이지유신(1868년)까지 무려 1,200년간 지속되었습니다. 덴무 덴노가 이런 결정을 내린 것은 단순히 종교적인 이유뿐만 아니라 농경 사회에서 중요한 노동력이자 재산이었던 가축을 보호하고 이를 통해 조세 기반을 안정적으로 강화하려는 정치적 목적 역시 크게 작용했죠.

당시 금지된 대상은 소, 말, 개, 원숭이, 닭의 다섯 종류였습니다. 멧돼지와 사슴은 농작물을 해치는 해로운 짐승으로 여겨져 초기에는 비교적 느슨하게 허용되었으나 시간이 지나면서 점차 금기 범주로 편입됩니다. 특히 멧돼지와 사슴은 각각 '보탄'牡丹, '모미지'紅葉 같은 은어로 불리며 약선처럼 소비되었습니다. 심지어 에도시대 시가현 일대의 히코네번彦根藩에서는 소고기 된장 절임을 '반폰간'反本丸이라는 양생약 이름으로 만들어 쇼군가에 진상하기도 했으니, 금기와 현실은 늘 따로 놀았던 셈이다.

육식 금지령을 피해 고기를 부르던 은어

고기	은어
멧돼지	산에서 사는 고래라는 뜻으로 '산고래'(야마쿠지라) 혹은 '모란'(보탄)이라고 불렀다. (당시 일본에 집돼지는 드물었음.)
사슴	고기가 단풍처럼 붉다는 뜻으로 '모미지'라고 불렀다.
말고기	벚꽃과 비슷하여 '사쿠라'라고 불렀다.
토끼	네발짐승이지만 두 발로 뛰므로 '새'라는 논리를 내세웠다는 설이 있다. (일본에서는 토끼를 셀 때 새를 세는 단위인 '바'羽를 사용함.)
닭고기	금지 품목이었지만 크기가 작고 숨겨 먹기 좋아 '떡갈나무 잎'(카시와)이라고 둘러대며 즐겨 먹었다. (참나무의 일종으로 잎이 마르면서 갈색이 되니 닭과 비슷해 은어로 사용함.)

하지만 단백질을 향한 인간의 본능까지 완전히 통제할 수는 없었습니다. 일본인들은 나름의 논리를 만들어 암암리에 고기를 먹었습니다. 생선류와 조개류, 달걀은 허용되었는데 재미있게도 포유류인 고래는 '생선'으로 간주한다는 논리로 먹었습니다. 또한 고기 이름을 직접적으로 지칭하지 않기 위해 식물이나 다른 생물로 바꿔 부르는 은어 문화도 발달했습니다.

이러한 우회적 표현은 놀이 문화에도 자연스럽게 스며들었습니다. 화투花札에서 사슴과 단풍이 함께 그려져 있는 것 역시 당시 문화의 흔적이라고 볼 수 있죠.

짐승 고기를 완곡하게 표현하는 문화는 음식에만 머물지 않았습니다. 약방(약재상, 한약방)에서도 비슷한 모습이 나타났죠. 당시 사회에서는 '먹는 것'과 '약으로 쓰는 것'의 경계가 지금보다 훨씬 흐릿했습니다. 몸을 보하는 음식이 곧 약이었고, 약이 되는 재료와 식재료는 엄격히 구분되지 않았습니다. 그래서 동물성 재료가 약재로 사용되는 일도 드물지 않았지만, 에도 사람들은 고기 먹는 일을 대놓고 말하기 껄끄러워 '쿠스리구이'薬喰い, 곧 몸보신을 위한 약 먹기라는 식으로 둘러 말하기도 했습니다. 어쩌면 "몸이 좋지 못하니 오늘 약방에 가자."라는 말은 은근히 고기를 먹으러 가자는 완곡한 표현이었는지도 모르겠네요.

고기 대신 팥을 넣다! 양갱과 만주의 탄생

일본의 전통 디저트로 양갱羊羹이라는 것이 있죠. 이름부터 심상치 않습니다. 양갱은 '양 양羊'에 '고기국물 갱羹'을 씁니다. 원래 중국에서 건너올 때만 해도 양갱은 말 그대로 '양고기를 넣고 푹 고아 낸 진한 고기 수프'였습니다. 식으면 고기 지방과 젤라틴 성분 때문에 탱글탱글하게 굳는

▲ 양고기와 부산물을 고아 낸 후 그릇에 담아 차갑 ▲ 양고기를 팥으로 대체해서 만든 일본의 임시 양갱.
게 굳힌 중국의 전통 양갱.

일종의 편육 같은 요리였죠.

하지만 일본의 선종 사찰 승려들에게 이 매력적인 '고기 푸딩'은 그림의 떡이었습니다. 양고기의 붉은빛은 붉은 팥으로 대신하고 고기 젤라틴의 탱글한 질감은 식물성 응고제인 한천寒天으로 구현했습니다. 그 결과 탄생한 것이 오늘날 우리에게도 익숙한 달콤한 팥양갱입니다.

메이지유신과 육식의 폭발적 보급

1853년 미국 페리 제독의 '흑선'黑船(쿠로후네) 내항은 일본 사회에 거대한 충격을 주었습니다. 흑선이란 말 그대로 '검은 배'라는 뜻으로, 검은 연기를 내뿜으며 움직이는 거대한 증기선에서 비롯된 표현이었습니다. 증기기관으로 바람과 무관하게 움직이며 강력한 함포를 갖춘 이 군함들은 기존의 범선 중심 해군력과는 차원이 다른 위압감을 보여 주었습니다. 이는 당시 동아시아 힘의 균형이 이미 서구 열강 쪽으로 크게 기울었음을 상징적으로 드러난 사건이었죠.

이 압도적인 군사력 앞에서 막부는 무력 충돌을 선택할 여지조차 없었

▲ 1853년 미국의 매튜 페리 제독이 이끄는 흑선 함대가 일본에 내항한 장면. 압도적인 증기선단의 등장은 도쿠가와 막부에 큰 충격을 주었고, 이듬해인 1854년 가나가와 조약 체결로 이어지면서 일본은 미국의 압력 속에 본격적인 개항의 길로 들어섰다.

▲ 일본인이 묘사한 페리제독의 흑선 모습. 단순한 기록화가 아닌 공포가 투영된 심리화에 가깝다. 돛도 없이 연기를 내뿜으며 전진하는 서구의 증기기관선은 당시 일본인들에게 살아서 움직이는 거대한 괴물 그 자체로 각인되었을지도 모른다.

육식

1,200년 금기를 깬 문명 '개화'의 맛. 1872년 메이지 천황의 소고기 시식 소식이 신문에 대대적으로 보도되자 정부는 육식을 장려하며 서구식 생활양식 도입을 적극 추진했다. 일부에서는 '소고기 전골(규나베·스키야키)을 먹지 않는 자는 미개인'이라는 말이 유행할 정도로 육식은 문명인의 필수 덕목이 됐다.

로쿠메이칸鹿鳴館 스타일

1883년 완공된 서양식 사교장 로쿠메이칸을 중심으로 상류층 여성들 사이에서 유행한 최신 서양식 드레스 차림이다. 당시 유럽에서 유행하던 버슬 스타일 영향으로 엉덩이를 부풀리는 구조물과 코르셋으로 실루엣을 강조했다.

시코미즈에仕込み杖

겉보기에는 평범한 지팡이지만 내부에 칼날을 숨긴 은닉 무기. 1871년 단발령과 1876년 폐도령으로 공공연한 칼 휴대가 금지되자 일부 구사족(옛 무사 계층)은 이를 대신할 수단으로 시코미즈에 같은 물건에 의지하기도 했다. 실상은 무기를 숨긴 '변칙적인 칼'로 합법과 위법의 경계에 놓여 있던 메이지 초기의 혼란을 상징적으로 보여 주는 물건이다.

▲ 로쿠메이칸에서 귀족과 고관들이 춤을 추고 있는 장면을 담은 우키요에. 메이지 정부는 이러한 사교 문화를 통해 '일본이 서양처럼 예절과 품격을 갖춘 문명국'임을 연출해 불평등조약 개정에 유리한 외교적 분위기를 조성하려 했다.

습니다. 결국 굴욕적인 협상을 택했고, 1854년 미일 화친조약을 체결하며 200년 넘게 유지해 온 쇄국 체제는 사실상 무너지게 됩니다. 그러나 개항은 곧 내부 균열로 이어졌죠. 막부의 권위는 급속히 약화되었고 반막부反 세력이 힘을 키우면서 일본은 내전 상태에 돌입하게 됩니다. 결국 1868년 무사 정권은 완전히 막을 내리는데 이것이 바로 그 유명한 '메이지유신'입니다.

메이지유신 이후 새 정부는 단순히 정권을 교체하는 데서 멈추지 않았습니다. 부국강병을 내세우며 서구 열강과 경쟁하기 위해서 사회 전반을 근본적으로 개조하기 시작했습니다. 군제와 교육, 산업 구조는 물론이고 사람들의 생활 방식까지도 근대화의 대상이 되었습니다. 이 개혁은 정치제도뿐 아니라 일상의 식탁까지도 변화시키게 되죠. 그렇게 서구화를 열망하던 일본 정부는 1,200년 동안 이어 온 육식 금지령을 해제합니다.

처음에는 민중들의 반발이 거셌지만 메이지 덴노가 '문명개화'의 일환으로 궁중 연회에서 공식적으로 소고기를 시식하자 분위기는 급반전되었습니다. 1,200년간 참아 온 고기 맛을 알게 된 일본인들의 육류 소비 욕구가 폭발했고 이 과정에서 오늘날의 일본 대표 요리들이 탄생했습니다.

대표적인 사례가 스키야키입니다. 오랫동안 고기를 먹지 않았던 일본인들에게는 육류 특유의 누린내가 낯설게 느껴졌고, 이들을 위해 간장과 설탕으로 조려 얇게 저민 고기를 날달걀에 찍어 먹는 방식으로 발전했다는 설도 전해집니다. 사실 이런 종류의 규나베(소고기 전골)는 에도시대의 약방에서도 판매하던 메뉴였지만 메이지시대에 접어들면서 폭발적으로 확산되어 소고기를 먹는 행위 자체가 문명인의 상징처럼 여겨지게 됩니다.

우리에게 익숙한 돈가스 역시 이러한 변화의 흐름과 무관하지 않습니다. 도쿄 긴자에 있던 양식당 렌가테이煉瓦亭에서 19세기 말 '포크 카츠레츠'라는 요리를 선보였습니다. 이는 서양의 커틀릿cutlet에서 유래한 음식으로 고기를 얇게 두드린 뒤 빵가루를 입혀 조리한 요리였습니다.

일부 견해에서는 오스트리아식 고기 요리 슈니첼schnitzel과의 유사성을 말하기도 하지만, 일본 음식 문화사에서는 프랑스식 코틀레트côtelette와 영어식cutlet이 메이지 시대 양식당을 거치며 변형된 것으로 보는 견해가 훨씬 더 널리 받아들여집니다. 즉, 서양식 커틀릿·코틀레트가 일본에서 '카츠레츠カツレツ'로 번안되고, 다시 돼지고기를 쓴 '포크 가쓰레츠'를 거쳐 오늘날의 돈카츠로 토착화되었다고 볼 수 있습니다.

본래 유럽의 커틀릿은 팬에 버터를 두르고 지지듯 익히는 방식이었지만 렌가테이는 이를 일본인들에게 익숙한 텐푸라天麩羅(튀김옷을 입혀 기름에 빠르게 튀기는 요리) 조리법을 응용해 기름솥에 재료를 풍덩 빠뜨려 튀기는 딥 프라이 방식으로 재창조하게 됩니다.

두꺼운 빵가루 튀김옷은 고기를 '맛있는 텐푸라' 안에 숨겨 주는 위장막 역할을 했고 동시에 버터에 한 장씩 굽는 방식보다 기름솥에서 한꺼번에 조리하는 편이 훨씬 효율적이었습니다. 나중에는 이 요리가 점차 다른 형태로 진화하며 고기를 더 두툼하게 썰어 우리에게도 익숙한 일본식 돈가스로 재탄생합니다.

도축장 뒷골목 개울가에서 건져 올린 미식

일본 정부가 추진한 화려한 육식 문화의 이면에는 값이 싸거나 사람들이 선호되지 않아 버려졌던 가축의 내장을 생존의 식재료로 되살려 낸 재일교포들의 처절한 역사가 존재합니다. 일본인들이 '호르몬'이라 부르는 이 요리에는 기묘한 언어적 반전이 숨어 있죠. '호르몬'이라는 명칭은 간사이 사투리인 '호루몬放るもん, 즉 '버리는 것'에서 유래했다는 설이 널리 알려집니다. 어원에 대한 여러 견해가 있지만 한때 대중적으로 철저히 외면받은 부위였다는 사실만큼은 분명합니다.

호르몬 요리는 1910~1945년 일제 강점기를 거치며 형성되었습니다. 당시 오사카와 교토 일대의 도축장에서 나온 소와 돼지의 내장은 일본인들에게 그저 처리 곤란한 오물이었습니다. 하지만 그 지역에 거주하던 많은 조선인 노동자들의 시선은 달랐습니다. 1,200년간 고기를 잊었던 일본인들과 달리 조선에서는 이미 곱창, 선지, 순대 등 가축의 내장을 귀하게 다루는 문화가 자리 잡고 있었기 때문입니다.

조선인들은 일본인들이 내다 버린 쓰레기들을 거둬 개울가에서 정성껏 씻어 냈습니다. 그것은 단순히 버려진 오물 덩어리를 주워다 개울물에 씻어 먹는 행위가 아니라 익숙했던 고향의 맛을 다시 살려내는 일이었죠.

왜 하천변과 골목이었을까?
주거와 취업에서 차별받던 조선인들은 습하고 홍수 위험이 큰 하천 부지나 공장지대 주변의 열악한 빈터로 밀려나 판잣집을 짓고 모여 살았다. 상하수도와 위생 시설이 부족했던 조선인 밀집 지역에서는 개천가가 빨래와 세척, 식재료 손질을 하는 공간이 되곤 했다.

천시받던 식재료
1930~1940년대 일본에서 소와 돼지 내장은 식재료로서 매우 낮은 가치로 취급됐고, 적지 않은 양이 버려지거나 헐값에 처분됐다. 도축 과정에서 살코기만 발라내고 남은 부속물을 일본인들이 버리면 조선인들이 가져와 깨끗이 씻어 식재료로 활용했다.

재일 조선인
1923년부터 제주와 오사카를 직접 연결하는 정기 여객선 '군대환'(기미가요마루 君が代丸)이 운항되었다. 친척 한 명이 오사카에 자리를 잡으면 고향 사람들이 뒤따라 이주하는 경우가 많았다. 이렇게 건너온 이주민들과 조선 각지에서 온 노동자들이 모여 살며 형성된 곳이 오늘날 코리아타운으로 유명한 '이쿠노구 쓰루하시' 일대다.

골목 안의 돼지
오사카의 조선인 밀집 지역에서는 생계를 위해 좁은 판자촌 골목에서 돼지를 키우는 일이 흔했다. 이들을 '부타카이'豚飼い(돼지치기)라고 불렸다. 배설물 냄새와 비위생적인 환경 때문에 일본인들에게 멸시받는 이유가 되기도 했지만 재일 조선인들에게 돼지란 유일한 자산이자 희망이었다.

이렇게 시작된 내장 요리는 오랫동안 재일교포들의 애환이 담긴 소울푸드로 머물렀습니다.

그러나 1980년대 이후 일본의 고도 경제성장과 함께 외식 문화가 확산되면서 상황은 반전됩니다. 전국적으로 야키니쿠 전문점이 늘어났고 저렴하면서도 강렬한 풍미를 지닌 내장 요리는 대중적인 술안주로 각광받기 시작했죠. 과거 차별과 생존의 상징이었던 버리 식재료는 이제 현대인에게 활력을 주는 '호르몬'Hormone이라는 이름에 걸맞게 일본인들이 줄을 서서 먹는 최고급 별미 중 하나로 완벽하게 자리 잡았습니다.

일본의 육류 소비 역사는 단순한 식습관의 변화가 아닙니다. 1,200년에 걸친 긴 시간 동안 사람들이 불합리한 법률에 때로는 투쟁하고 때로는 타협하며 그 틈새에서 지혜를 짜낸 결과물이 바로 지금의 일본 요리입니다. 금기를 피하기 위한 재해석이 결국 일본을 대표하는 상징적인 문화를 만들어 낸 셈이죠.

일본 패스트푸드의 탄생

육식 금지령은 '에도 3대 패스트푸드'(스시, 텐푸라, 소바)의 탄생과도 맞닿아 있습니다. 육식 섭취를 제한하자 고기를 대신할 다양한 음식 문화가 발달했고 인구가 밀집한 에도에서는 빠르게 먹고 떠날 수 있는 외식 형태가 유행하기 시작합니다. 그 결과 서민들을 위한 일종의 패스트푸드 문화가 형성되죠. 오늘날 우리에게 익숙한 '니기리스시'握り寿司 역시 이 시기 서민들의 대표적인 간편식으로 등장합니다.

니기리스시는 손으로 쥐어 만드는 형태로 18~19세기 에도시대 후기에 등장한 비교적 새로운 스시입니다. 그 이전, 특히 관서 지역에서 주류

였던 '하코스시'箱寿司는 나무 틀에 밥과 재료를 눌러 담아 숙성한 뒤 잘라내는 방식이었죠. 이는 발효와 보존을 전제로 한 음식이었기에 즉석 소비보다는 저장성이 중시했습니다. 반면 니기리스시는 식초로 간을 한 밥 위에 생선을 얹어 바로 먹는 방식으로 에도의 도시 환경에 맞게 발전한 음식이었죠. 주문 즉시 만들어 제공됐으며 길거리 포장마차에서도 쉽게 접할 수 있었습니다.

니기리스시는 주로 강가와 바닷가를 중심으로 판매됐습니다. 어선이 드나드는 강변은 물류의 중심지로 이른바 '에도마에'江戸前라 불리는 에도 앞바다의 신선한 해산물을 즉석에서 조달하기에 최적의 장소였죠. 막 잡아 올린 해산물을 빠르게 손질해 바로 먹는 방식이 자리 잡으면서 스시와 텐푸라 같은 에도의 패스트푸드 문화가 이곳을 무대로 꽃피우게 됐습니다.

텐푸라는 16세기 포르투갈 선교사들이 전한 조리법에서 유래한 것으로 알려져 있습니다. 가톨릭의 금육 시기를 뜻하는 라틴어 '템포라'tempora에서 비롯됐다는 설이 가장 널리 받아들여집니다. 본래 텐푸라는 금육일에 고기 대신 생선이나 채소에 반죽을 입혀 튀겨 먹던 남유럽의 요리였죠. 이후 이 조리법은 일본식으로 변형되어 에도의 노점 문화 속에서 폭발적인 인기를 끌게 됩니다.

텐푸라가 각광받았던 비결은 에도마에에서 건져 올린 신선한 해산물을 빠르게 조리해 즐길 수 있었기 때문입니다. 보리멸, 새우, 붕장어 등에 얇은 반죽을 입힌 텐푸라는 특히 육식 금지령으로 지방 부족에 시달리던 서민들에게 더욱 소중했습니다. 고기의 빈자리를 채워주는 확실한 에너지원이었기 때문이죠.

흥미로운 점은 이 서민 음식이 신분 질서를 넘어 은밀하게 소비되기도 했다는 사실입니다. 당시 길거리 노점에서 서서 음식을 먹는 행위는 체면을 중시하는 사무라이의 품위를 떨어뜨리는 행동으로 간주됐습니다. 그런데도 일부 사무라이들은 복면을 쓰거나 삿갓을 눌러쓰고 정체를 숨긴 채 텐푸라를 즐기곤 했습니다. 텐푸라의 대중적 인기는 신분의 벽마저 허물 만큼 대단했죠.

심지어 에도 막부를 연 초대 쇼군 도쿠가와 이에야스德川家康 역시 텐푸라를 즐긴 인물로 알려져 있습니다. 이처럼 텐푸라는 단순한 서민 음식을 넘어 신분을 초월해 일본인들의 입맛을 사로잡은 에도의 대표 간편식으로 자리 잡았습니다.

사람들은 고기를 먹지 못하는 결핍을 신선한 단백질인 스시로, 든든한 지방인 텐푸라로, 포만감을 주는 탄수화물인 소바로 채워 나갔습니다. 에도 3대 패스트푸드는 육식 금지라는 제약 속에서 탄생한 '대안적 풍요'가 아니었을까요?

텐푸라

에도시대 텐푸라는 한 꼬치당 4~8문에 팔리던 저렴한 길거리 음식이었다. 4문은 오늘날로 가치로 약 100~150엔 정도에 해당하는 금액으로 서민들도 부담 없이 즐길 수 있는 수준이었다(물가 환산에는 한계가 있으며 이해를 돕기 위한 대략적 비교이다).

고급 참기름 대신 대량 생산된 유채기름이 사용되면서 가격이 낮아졌고, 텐푸라 같은 튀김 요리가 서민층까지 확산되는 데 중요한 역할을 했다. 당시 유채기름은 경제 기술의 한계로 쓴맛과 불순물이 남는 경우도 있었지만 20세기 이후 품종 개량과 정제 기술이 발전하면서 오늘날의 카놀라유로 이어지게 된다.

니하치 소바(137쪽 참고)

어깨에 짊어지고 다니는 형태의 이동식 노점으로 "니하치!"를 외치며 손님이 있는 곳을 직접 찾아다니며 영업했다. 특히 밤늦게까지 활동하던 노동자나 장인, 유흥가 일대를 상대로 한 야식 판매 성격이 강했다.

왜 강가와 바닷가에서 팔았을까?
당시 에도는 목조건물이 밀집해 화재에 매우 취약했다. 특히 불과 기름을 사용하는 텐푸라 조리는 화재 위험이 컸기에 불길의 확산을 방지하기 위해 강가나 바닷가 노점에서 이루어졌다. 또한 강변은 어선이 드나드는 물류의 중심지로 신선한 해산물을 바로 들여와 조리하기에 유리한 환경이었다.

타마고스시 玉子寿司
타마고스시(달걀스시)는 단순한 재료임에도 상당히 고가의 메뉴였다. 주재료인 달걀과 설탕 자체가 당시에는 귀한 식재료였을 뿐만 아니라 겹겹이 층을 쌓아 구워내는 숙련된 기술이 필요했기 때문이다. 에도시대 후기 일반적인 생선스시가 4~8문 정도였다면 달걀스시는 16~32문에 이를 만큼 높은 가격에 판매되기도 했다.

무역

후추를 향한 갈망이
돈의 지도를 바꾸다

: 대항해시대, 머니로드의 대전환

배경 연도

15~17세기 대항해시대

후추를 쫓던 위대한 모험은
부를 독점하기 위한
항로 쟁탈전이었다?!

—

여기는 중세의 베네치아 공화국. 한 아랍 상인이 작은 통에 담긴 '검은 알갱이'를 들고 열심히 호객 행위를 하고 있습니다.

> "자, 애들은 가라! 이 알갱이는 보통 물건 아닙니다. 저 멀리 인도에서 건너온 아주 진귀한 물건이죠. 유니콘이 24시간 교대 근무를 서가며 지키던 보물이라니까요?"

그는 이 검은 알갱이가 머나먼 중국에서는 신묘한 불사의 명약으로 여겨져 '진주 한 개'와 맞먹는 값에 거래된다는 전설을 한 보따리를 풀었죠. 이 신비로운 작은 알갱이의 정체는 바로 '후추'였습니다.

중세 유럽 전역에서 후추는 엄청난 사치품으로 각광받으며 그 희소성과 상징성 때문에 때로는 결혼 지참금이나 세금 대용으로 사용할 만큼 고급 사치품이었죠. 후추는 부패한 고기의 냄새를 가리기 위해 사용됐다는 이야기도 전해지지만 이 주장은 20세기 이후에 등장한 통념에 가깝습니다. 현재 학계에서는 오해로 정리하고 있습니다.

실제로 중세 유럽 사회에서 고기나 생선을 보존하는 데에는 훈연, 건

베네치아에는 외국 상인들을 위한 전용 숙소 '폰다코'fondaco가 있을 만큼 개방적인 도시였던 반면 이들이 도시에서 직접 소매업을 하는 것은 엄격히 금지했다.

베네치아의 번영은 '후추'라는 검은 알갱이 위에 세워졌다고 해도 과언이 아니었다. 후추는 인도에서 출발해 홍해를 거쳐 이집트(맘루크 왕조)의 아랍 상인들에게 먼저 전달됐다. 베네치아는 이들과 독점 계약을 맺어 후추를 유럽 전역에 높은 가격으로 되팔아 막대한 부를 축적했다.

가짜 중국인

당시 유럽인들에게 중국(가타이)과 인도는 단순한 지명이 아니라 부, 지혜, 장수, 신비가 응축된 유토피아에 가까운 공간이었다. 특히 마르코 폴로의 《동방견문록》이 널리 읽히면서 환상은 절정에 달했다. 실제로 상인들이 그림처럼 중국인 분장을 했는지 확실하지 않지만 '동방의 신비'는 당대 최고의 마케팅 전략이었다.

베네치아는 약 100여 개의 섬 위에 세워진 물의 도시로 도로 대신 운하가 주요 교통망 역할을 했다. 도시가 수로로 연결된 특성 덕분에 무역에 최적화된 해상 물류의 거점으로 기능할 수 있었다.

조, 염장 같은 기존 방식들이 훨씬 효과적이고 경제적이었습니다. 값비싼 향신료인 후추를 방부제처럼 사용한다는 발상은 현실성이 없었습니다.

식탁에서는 비법 양념, 약방에서는 묘약이 된 검은 알갱이

당시 유럽인들은 왜 그토록 후추에 열광했을까요? 그 배경에는 식문화, 의학, 계급사회, 국제무역, 종교라는 다층적인 욕망과 구조가 얽혀 있습니다.

우선 중세 유럽의 음식은 소금과 식초가 중심을 이뤄 짠맛과 신맛 위주였고 전반적인 풍미는 단조로웠습니다. 이런 음식에 후추를 곁들이는 것은 음식의 격을 몇 단계 끌어올리는 비장의 양념이 되었죠. 그래서 당시 유럽 상류 사회에서 후추는 부를 과시하는 수단으로 소비되어 절대로 빠져서는 안 되는 '진미'로 여겨졌습니다.

한편 후추를 과할 정도로 낭비하는 괴식들이 유행하기도 합니다. 잘 구워진 고기에 후추를 한가득 들이부어 오히려 고기가 양념으로 토핑이 되고 후추 자체가 요리로 탈바꿈되는 경우도 있었다고 전해집니다. 오늘날의 시각으로 보면 소고기에 금박을 입힌 초호화 프리미엄 스테이크나 럭셔리 음식이라면서 고가에 판매하는 SNS식 소비 문화와 크게 다르지 않았습니다.

후추는 당시의 세계관에 빗대 보았을 때 의학적 가치 또한 높았습니다. 사람들은 후추가 체내 열을 높여 소화를 돕고 독소를 배출하는 효과가 있다고 믿었죠. 뿐만 아니라 만병통치약으로 취급돼 다양한 질병의 치료법으로 활용되기도 했습니다.

중세 유럽 의학의 기본 틀은 고대 그리스의 히포크라테스와 갈레노스로부터 전해 내려온 '4체액설'Four Humors이었습니다. 쉽게 말해 인간의 몸은 혈액, 점액, 황담즙, 흑담즙 네 개의 균형으로 유지된다는 중세 유럽식 인체 매뉴얼이었죠. 당시 질병은 체액의 균형이 깨진 상태라고 보았습니다. 특히 소화불량이나 감기는 몸이 '차고 습해진 상태'로 진단했죠.

여기서 후추는 4체액설에 의거해 가장 뜨겁고 건조한 성질을 가진 물질이 됩니다. 차가워진 위장에 후추(열기)를 넣어 습기를 말리고 균형을 맞춘다는 논리였죠. 다시 말해 후추는 요리 재료이기 이전에 몸의 온도를 조절하는 강력한 묘약으로 인식되었습니다.

그래서 중세와 르네상스 시대에 후추는 일반 시장보다 '아포테카리'apothecary라 불리던 약제사의 상점에서 더 자주 거래되었습니다. 당시의 약제사들은 향신료를 배합해 약을 만드는 전문가이기도 했죠. 물론 오늘날의 관점에서 보면 '돌팔이'라고 할 수 있으나 당시의 기준으로는 최첨단 의료 기술이었습니다. 비록 현대 의학에서 4체액설은 폐기되었지만 후추의 피페린piperine 성분이 실제로 위액 분비를 돕는다는 점을 생각하면 당시 처방은 나름의 과학적 결과물이었던 셈입니다.

후추가 쏘아 올린 국제무역과 대항해시대

후추 열풍은 13세기 전후로 향신료의 사용처가 더욱 다변화되면서 새로운 국면을 맞이합니다. 당시 귀족들의 취향은 후추에서 점차 사프란(꽃의 암술을 말려 노란색을 내는 향신료), 정향(꽃봉오리를 말려서 강한 향과 매운맛을 내는 향신료), 육두구(씨앗을 말려 달콤하면서 매운 향을 내는 향신료)처럼 식물의 특정 부위를 말려 만든 더 희귀하고 이국적인 향신료로 이동합니다.

그럼에도 후추는 여전히 고가의 향신료로서의 지위를 유지했습니다.

14~15세기 유통 체계의 발달로 구매력을 갖추게 된 도시 중산층이 소비의 새로운 주역으로 등장하면서 후추는 제2의 전성기를 맞이한 것이죠. 상류층의 전유물을 넘어 중산층의 욕망을 대변하는 고급 사치 소비재로 변모했고 수요는 줄어들지 않았습니다.

귀족 사회에서 인기가 줄었다는 점을 감안하더라도 후추는 여전히 유럽 전역에서 황금알을 낳는 거대 산업이었습니다. 원산지인 인도의 생산자, 이를 운반하는 이슬람과 베네치아 중간 상인들이 유럽의 후추 무역을 독점하면서 가격은 계속 상승합니다. 하지만 이 엄청난 후추 광풍 속에서 철저히 소외된 두 나라가 있었으니, 바로 포르투갈과 스페인이었죠.

이베리아반도에 위치한 포르투갈과 스페인은 유럽의 서쪽 변두리에 있었기에 인도나 동남아시아 같은 향신료 생산지에 접근하기에 지리적으로 매우 불리했습니다. 전통적인 육상 교역로는 중동과 이슬람 상인들이 장악하고 있었고, 지중해 해상무역은 베네치아 상단과 오스만제국이 점차 주도권을 가져가던 시기였습니다. 특히 포르투갈은 당시 유럽의 중심 상권이던 지중해, 북해, 발트해 어디에도 직접적인 영향력을 행사하지 못하는 해상무역의 변두리 국가에 가까웠습니다.

후추는 이들에게 지나치게 비쌌고, 손에 넣기에는 너무 멀었으며, 늘 다른 누군가를 거쳐야만 얻을 수 있는 물건이었죠. 하지만 이러한 지리적 한계는 오히려 포르투갈과 스페인의 움직임을 더욱 과감하게 만들었습니다. 베네치아 상인들한테 울며 겨자 먹기로 비싼 웃돈을 주고 후추를 사서 먹느니 물에 빠져 죽는 한이 있더라도 직접 배를 타고 인도까지 가서 '직수입'을 하겠다는, 당시로서는 미친 발상을 한 것이죠. 이것이 대항해 시대의 서막이었습니다.

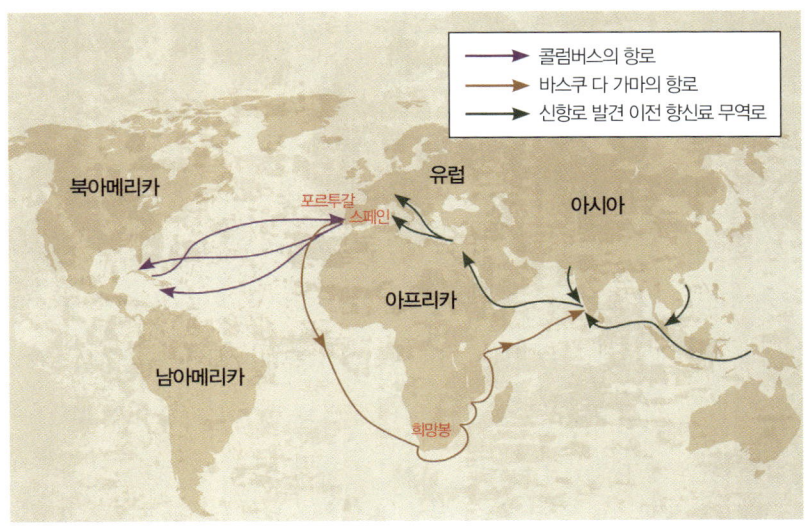

범례:
- → 콜럼버스의 항로
- → 바스쿠 다 가마의 항로
- → 신항로 발견 이전 향신료 무역로

북아메리카

유럽

아시아

포르투갈
스페인

아프리카

남아메리카

희망봉

▲ 스페인과 포르투갈 해상무역 지도

스페인과 아즈텍, 두 문명의 충돌

당시 유럽 지식인들 사이에서 '지구가 둥글다'라는 지식은 이미 상식으로 널리 퍼져 있었습니다. 그 때문에 스페인은 서쪽으로 계속 항해하면 인도에 도착할 것이라는 생각 아래 거대한 계획을 세웠습니다. 기나긴 항해 끝에 1492년 크리스토퍼 콜럼버스가 이끄는 항해 선단이 카리브해 바하마 지역에 상륙합니다. 그러나 그곳은 인도가 아닌 유럽인들은 꿈에도 생각하지 못한 아메리카 대륙, 즉 신대륙이었죠. 후추를 향한 열망이 전혀 예상하지 못한 방향으로 전개되고 이제껏 도달해 본 적 없는 장소에서 새로운 문명과 충돌하게 된 순간이었습니다.

이후 1519년 스페인 정복자 에르난 코르테스Hernán Cortés는 중앙아메리카에서 강력한 제국을 이룬 메소아메리카 문명 집단 아즈텍 제국Aztecs의 수도 테노치티틀란에 도착합니다. 이 도시는 해발 약 2,240미터 고산지대인 텍스코코 호수 한가운데 세워진 수상 도시(지금의 멕시코시티)였고 유럽인들에게도 충격을 줄 만큼 거대하고 체계적인 계획도시였죠.

당시 아즈텍 황제 몬테수마 2세Moctezuma는 스페인 사람들이 가져온 낯선 전력에 충격을 받습니다. 흑요석 무기를 쓰던 아즈텍 군대에게 유럽의 기마 전술과 화승총, 대포, 철제 무기들은 전혀 다른 차원의 군사 기술이었습니다. 이에 몬테수마는 코르테스와 즉각적인 군사 충돌 대신 외교적 대응을 선택합니다. 수도 테노치티틀란으로 불러들여 전력을 파악하고 필요하다면 호수 위의 도시 안에 고립시켜 제거하려는 정치적·군사적 계산을 동시에 진행하고 있었죠. 이는 단순한 환대가 아니라 긴장 속에서 벌어진 고도의 권력 게임이었습니다. 당시 아즈텍인들이 스페인인을 '테오틀'teotl이라고 표현했는데, 이는 기독교식 의미인 '신'이 아니라 기괴하고 강력하며 통제 불가능한 힘을 지닌 존재, 즉 정체를 알 수 없는 위험한 이방인이라는 표현이었죠.

코르테스 역시 위험성을 인식하고 있었습니다. 그는 소수 병력으로 거대한 아즈텍 제국을 상대하기 위해 몬테수마를 억류하고 인질로 삼는 과감한 결단을 내립니다. 이후 약 7개월 동안 몬테수마는 스페인군의 감시 아래 놓이며 통치자로서의 실질적 권위를 상실합니다. 이 과정에서 아즈텍 사회 내부에는 분노와 황제에 대한 불신이 빠르게 확산됐죠. 결국 1520년 테노치티틀란에서 대규모 반란이 발생합니다. 몬테수마는 군중을 진정시키기 위해 모습을 드러냈지만 이후 그의 최후에 대해서는 상반된 기록만이 남아 있습니다. (스페인 측 사료는 그가 군중의 돌에 맞아 죽었다고 전하는 반면 아즈텍 전승은 스페인인에 의한 살해 가능성을 시사합니다.)

황제의 죽음 직후 스페인군은 밤중에 포위망을 뚫고 도시에서 탈출하

▲ **호수 위의 제국 '테노치티틀란'**Tenochtitlan | 오늘날 이 도시는 흔적을 잃은 채 멕시코시티 중심부 아래에 묻혀 있다. 스페인 정복자들은 아즈텍을 함락시킨 뒤 호수의 물을 빼내고 매립해 유럽식 육상 도시를 건설했으며, 무너뜨린 신전의 돌들은 그대로 멕시코시티 대성당을 비롯한 식민지 건축의 자재로 재사용되었다.

▲ **코르테스와 몬테수마의 만남** | 코르테스 곁에 서 있는 원주민 여성은 통역사이자 중개자였던 라 말린체La Malinche(말란친)로 두 세계의 접촉을 가능하게 만든 핵심 인물이었다. 말린체는 나우아족 귀족 가문 출신이었으나 복잡한 사정으로 마야 지역에 노예로 팔려 갔다. 이로 인해 나와틀어와 마야어를 구사하게 됐고, 1519년 타바스코 전투 이후 스페인군에 넘겨지면서 코르테스와 만나게 된다. 이후 스페인어를 익히며 코르테스의 단독 통역사이자 참모, 연인이 된다.

화약 무기 ●

스페인군이 들여온 총포류에는 아르케부스arquebus 같은 초기 화승총과 소형포가 포함되어 있었다. 이 무기들은 위력 자체도 위협이었지만 굉음, 연기, 섬광, 금속탄이 만들어내는 충격이 더욱 압도적이었다. 아즈텍에도 원거리 무기와 대규모 전투 전통은 존재했으나 이러한 방식의 화약 병기는 전혀 다른 전장 경험이었으며, 이는 살상력 이상으로 심리적 압박을 주었다.

기병 ●

말과 기수가 한 몸처럼 움직이는 스페인 기병은 메소아메리카 전장에 전례가 없던 전력 요소였다. 철제 갑옷으로 무장한 기병의 돌진은 아즈텍 전사들에게 강한 물리적 타격과 함께 심리적 위압감을 안겼다. 이는 속도, 질량, 높이라는 세 요소가 동시에 작용하는 새로운 형태의 전술적 공포였다.

군견

스페인군은 마스티프와 알라노 계열의 전투견을 추격, 제압, 공포 유발 수단으로 적극 활용했다. 이 개들은 철제 날이 달린 갑주를 걸치고 병사들과 함께 돌격하며 적의 전열을 무너뜨리는 살아 있는 무기였다. 또한 포로나 원주민을 공개적으로 물어뜯게 함으로써 공포와 처벌을 과시하는 도구로도 사용됐다.

로델레로rodelero

둥근 방패(로델라)와 검으로 무장한 스페인 보병으로 스페인 정복자의 근접전 핵심 병종 가운데 하나였다. 유럽 전장에서는 장창 대형의 보조 전력이었지만 메소아메리카에서는 시가전과 돌파전, 근접 난전에 적합한 전력으로 기능했다.

테노치티틀란처럼 거리와 계단, 둑길, 교차로가 복잡하게 뒤엉킨 공간에서는 긴 창보다 짧은 검과 방패가 훨씬 유리했다. 톨레도산 강철 검과 금속제 방어구로 무장한 로델레로는 이미 유럽 전장에서 백병전 능력을 입증한 병사들이었고, 아즈텍 전사들과의 난전에서도 뚜렷한 전술적 우위를 보였다.

재규어 전사

아즈텍 군사 문화의 상징적인 엘리트 전사 집단. 재규어는 용맹과 포식성, 전사적 위신을 몸에 두르는 상징이었다. 다만 이들이 실제로 재규어 가죽을 착용했는지에 대해서는 학계에서도 의견이 엇갈린다. 이들은 아즈텍의 전통적 전쟁관에 따라 적을 살해하기보다 제압하고 생포함으로써 공훈을 쌓았으며, 포로를 일정 수 이상 확보하면 상위 집단에 편입될 수 있었다.

무기는 흑요석 날을 박은 마쿠아우이틀macuahuitl, 창, 투창기인 아틀라틀atlatl, 방패를 사용했다. 스페인의 기록에 따르면 이 무기들은 인간은 물론 말에게도 치명적인 상처를 입힐 만큼 강력했다.

려다가 수많은 병력을 잃고 궤멸 직전까지 몰립니다. 이 사건은 훗날 '슬픔의 밤'(1520년 6월 30일 저녁~7월 1일 새벽)이라 불리게 됩니다. 패주하던 스페인군이 이어진 '오툼바 전투'(1520년 7월 7일경)에서 절체절명의 위기에 놓이지만, 결정적인 기병 돌격으로 적의 지휘부를 무너뜨리며 전세를 역전합니다. 이후 아즈텍 제국의 심장부였던 테노치티틀란은 스페인군과 아즈텍의 강압적 지배에 반감을 품고 있던 주변 부족들, 특히 틀락스칼라Tlaxcala를 중심으로 한 원주민 동맹군에 의해 함락됩니다(1521년 8월).

전쟁 이전부터 아즈텍 제국은 동맹의 힘과 질병에 의해 내부에서부터 무너지고 있었던 거죠. 구대륙에서 유입된 천연두를 비롯한 전염병은 면역을 갖지 못했던 원주민 사회를 급속히 붕괴시켰습니다. 전투가 본격화하기도 전에 인구 감소와 사회 구조의 붕괴가 진행됐고, 이는 아즈텍 제국 몰락의 결정적인 배경이 되었습니다.

동양의 무역 질서를 박살 낸 포르투갈

스페인이 아메리카 대륙으로 향하는 모험적인 선택을 했다면, 포르투갈은 꾸준히 공들여온 '아프리카 남하 노선'이라는 정공법을 택했습니다. 포르투갈은 스페인이 신대륙에 도달하기 훨씬 전부터 아프리카 연안에 거점을 구축하며 식민지 건설에 매진해 왔습니다. 이들의 목표는 명확했습니다. 아프리카 최남단 희망봉을 돌아 이슬람 세력을 우회하여 직접 인도로 향하는 해상 항로를 개척하는 것이었죠.

1498년 포르투갈의 항해가 바스쿠 다 가마Vasco da Gama는 마침내 아프리카 남단을 돌아 인도 서해안의 교역 도시 칼리컷Calicut에 도착합니다. 그는 이슬람 상인들이 장악하고 있던 향신료 무역망에 직접 진입하려는 사절로서, 현지 지배자인 자모린Zamorin과 접견했습니다. 그러나 포르투갈이 가져온 선물은 눈 높은 인도 상인들의 기준에서 초라하기 짝이 없었습니다. 이미 견고하게 구축된 인도양 무역 질서 속에서 포르투갈은 그저 '무례하고 돈도 없는 신참'에 불과했습니다. 이들의 첫 만남은 협력보다는 긴장과 불신 속에 시작되었습니다.

당시 인도는 통일 제국이 아닌 여러 왕국이 분열되어 경쟁하던 시기였고, 포르투갈은 이 정치적 균열을 집요하게 파고들었습니다. 인도양의 토착 세력들도 화포를 보유하고 있었으나 포르투갈은 대양 항해용 군함과 체계적인 함포 운용 능력을 앞세워 해전의 패러다임을 완전히 바꾸어 놓았습니다. 바스쿠 다 가마는 해상 통행 허가증인 '카르타즈'Cartaz를 강제로 발급하며 항로를 장악했고, 이를 소지하지 않은 선박은 가차 없이 약탈하거나 나포했습니다. 무역이 아니라 사실상 바다 전체를 검문소로 만든 셈이죠.

이후 1510년 포르투갈의 정복자 아폰수 드 알부케르크Afonso de Albuquerque가 전략적 요충지인 고아Goa를 점령하며 인도양 무역의 목줄을 완전히 거머쥐게 됩니다. 이는 향신료 전쟁의 판도를 뒤집는 결정적 계기가 되었으며, 결과적으로 향신료 무역은 기존의 자유로운 교역 질서를 벗어나 포르투갈이 해상 권력을 통해 이익을 독점하는 구조로 재편되었습니다. 이를 발판 삼아 포르투갈은 아프리카, 아시아, 남아메리카를 잇는 광대한 해양 제국을 건설하기에 이릅니다.

스페인과 포르투갈 모두 해양 산업 육성에 박차를 가하면서도 점차 극심한 인력 소모와 방대한 해외 식민지 관리의 한계에 부딪히기 시작합니다. 특히 인구가 겨우 100만 명(한국의 광역시 하나 정도의 규모) 남짓이었던

'옆 동네'란 스페인을 뜻한다. ●

카라벨caravel
(포르투갈어: 카라벨라 caravela**)** ●
크기가 작고 선체가 낮은 것이 특징이다.
주로 삼각형의 라틴 돛을 장착해 역풍을
거슬러 항해하는 능력이 뛰어났다. 연안
탐사와 신속한 항해, 정찰 임무에 주로 활
용됐다.

여보! 당장 풀매수 때려!
우리 자식들은 평생 후추만
먹고 살게 할 거란 말이야!

15세기 말 서유럽(특히 프랑스, 플랑드르,
부르고뉴 지역) 여성의 복식. 머리에 쓴 독
특한 원뿔 형태의 '에냉'hennin을 얇은 베
일과 함께 착용해 높은 귀족 신분을 드러
냈다.

사분의quadrant ●
천체의 고도를 측정해 배의 현재 위도를
파악하는 부채꼴 모양의 항해 도구. 15세
기 대양 항해 시 아스트롤라베(200쪽 참
고)와 함께 별의 위치로 배의 좌표를 확인
하던 필수 휴대용 도구였다.

바스쿠 다 가마 Vasco da Gama
1498년 유럽에서 아프리카 희망봉을 돌아 인도에 도달한 포르투갈 항해가. 유럽과 인도를 잇는 해상로를 열어 포르투갈의 팽창과 향신료 무역에 큰 전환점을 마련했다. 그러나 1502년 2차 항해에서는 캘리컷을 포격하고 인질 38명을 학살하는 등 극도로 잔혹한 방식으로 포르투갈의 무력 우위를 과시하기도 했다.

카락 carrack **(포르투갈어: 나우** nau**)**
카라벨보다 크고 묵직한 선체를 지닌 대형 수송선. 방대한 적재 공간 덕분에 후추와 같은 고부가가치 향신료를 대량으로 운송하는 데 최적화되었으며, 바스쿠 다 가마의 인도 항로 개척 당시 기함으로 사용되었다. 전투 시에는 높은 선수루(배의 앞머리에 있는 선루)와 선미루(배의 고물에 마련된 선루)를 갖춘 해상 요새의 역할을 수행했고, 대량의 화포를 장착할 수 있어 대항해 시대 초기 장거리 무역과 해전의 주역으로 활약했다.

▲ **15세기 남성 패션은 스키니진이 대세?** | 14세기 후반에서 15세기 르네상스 과도기에는 짧고 몸에 딱 붙는 상의와 다리 라인이 그대로 드러나는 꽉 끼는 타이츠형 하의가 유행했다. 이는 당시 남성 귀족의 권위와 세련됨을 상징하는 복식이었다.

▲ **아스트롤라베**astrolabe | 그리스어 '아스트론'(별)과 '람바네인'(잡다)의 합성어로 '별을 잡는 기구'라는 뜻이다. 원반 중심에 있는 조준선을 이용해 별의 각도를 측정함으로써 현재 시각, 위도, 일출과 일몰 시간 등을 계산했다. 당시 항해사들에게는 오늘날의 GPS와 스마트폰을 합친 것 같은 필수 장비였다.

포르투갈이 전 세계에 흩어진 거점 식민지를 자국 청년들 중심으로 운영하기란 역부족이었습니다. 결국 17세기 이후 포르투갈의 국력은 급격히 쇠퇴하게 됩니다.

무역 주도권은 이후 등장한 네덜란드와 영국 같은 후발 해양 강국들에게 넘어갔습니다. 이들의 치열한 경쟁 속에서 무역 독점권은 점차 무너졌고, 후추 직수입 경로가 다양해지면서 공급량은 폭발적으로 늘어났습니다. 17세기 후반에서 18세기에 이르자 '진주 한 개'와 맞먹던 후추 가격은 급격히 하락했고 마침내 서민들도 부담 없이 사용할 수 있는 보편적 양념으로 자리 잡았습니다.

이렇게 '작은 알갱이'는 권력과 부를 상징하는 사치품의 지위에서 내려왔지만 오늘날에도 여전히 우리의 식탁에서 빠질 수 없는 필수 조미료로 남아 있습니다. 가끔 삼겹살 위에 후추를 넉넉히 뿌리며 당시 유럽의 상류층이 느꼈을 호사를 몸소 체험해 보는 것은 어떨까요?

양 한 마리가
집 한 채 값

: 역사 속 '영끌'과 투자 잔혹사

배경 연도

12세기~17세기 유럽

오늘날 비트코인에 이르기까지
폭락과 폭등의 역사는 왜 반복될까요?

암호화폐와 자율주행, 인공지능, 양자컴퓨터에 이르기까지 오늘날 투자 광풍은 여전히 진행 중입니다. 많은 사람들은 이것들이 세상을 바꿀 미래 산업이며 절대 안전한 자산이라고 믿고 있죠. 과거 유럽인들 역시 '후추는 절대 가격이 떨어지지 않는다'라거나 '튤립 구근은 미래의 자산'이라 확신하며 무분별한 투기를 감행했습니다. 그 결과 3개월 만에 가치가 폭락해 쪽박을 찬 사례가 너무나도 유명합니다.

오늘날 사람들은 단톡방이나 주식 유튜브 채널을 보며 시세에 따라 기분이 쉽게 들뜨고 가라앉죠. 그렇다면 중세인들에게 '증권가 찌라시'가 오가던 일종의 주식 리딩방은 어디였을까요? 대표적인 장소는 선술집과 시장터였습니다. '어느 광산에서 은이 쏟아져 나왔다더라', '올해는 플랑드르산 양모가 부족해서 부르는 게 값이라더라' 같은 소문들이 에일 한 잔과 함께 오갔습니다.

조금 후대인 근세로 들어서면 투자 정보 교환 장소는 새롭게 떠오른 커피하우스(오늘날 카페와 유사한 커뮤니티 공간, 101쪽 참고)로 옮겨 가기도 합니다. 실제로 17세기 런던 증권거래소의 전신은 조너선 커피하우스 Jonathan's Coffee House 였으며 암스테르담에서도 커피하우스가 주식 거래소의

▲ "나는 천체의 움직임은 계산할 수 있지만, 인간의 광기는 계산할 수 없다." | 1720년 영국 남해회사 거품 사건South Sea Scheme을 풍자한 판화. 아이작 뉴턴도 투기 열풍 당시 영국 남해회사 주식에 투자했다가 큰 손실을 보았다. 그는 초기에 투자해 상당한 이익을 얻고 매도했지만 주가가 계속 급등하자 다시 시장에 뛰어들었고, 버블 붕괴와 함께 막대한 재산을 잃었다.

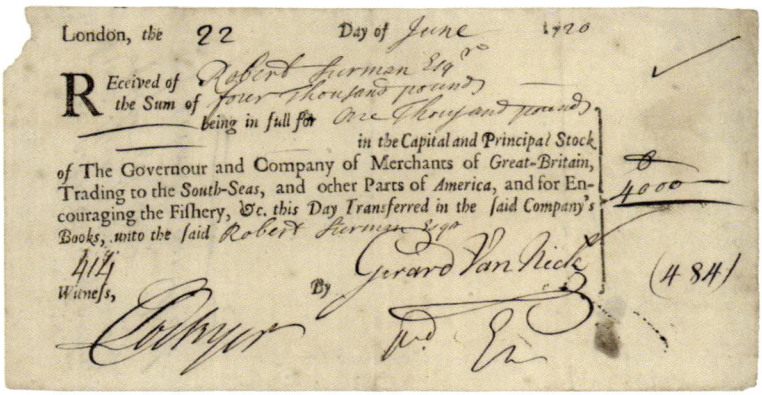

▲ 1720년 6월 22일 런던에서 발행된 남해회사 주식 거래 증서 | 당시 이 회사의 액면가는 1,000파운드(주당 100파운드짜리 주식 10주)였지만 남해회사 버블이 절정으로 치닫던 당시 실제 거래가는 4배에 해당하는 4,000파운드에 달했다.

시초였습니다. 물론 고급 정보는 귀족들의 성채 연회장 같은 폐쇄적인 공간에서나 공유되었겠죠.

양에게 올인한 사람들

양모, 은 그리고 목재. 이것들은 오늘날 비트코인(암호화폐)과 달리 실물이 있는 자산이었습니다. 비트코인처럼 시세가 단기간에 급등락하는 형태는 아니었지만 그럼에도 수많은 사람들이 이 실물 자산을 믿고 투자했다가 완전히 망했습니다. 믿기십니까?

14세기 잉글랜드에서는 양 한 마리가 집 한 채 값이라는 소문이 돌았습니다. 물론 과장이었지만 그만큼 양모는 귀했습니다. 상인들은 "양이 황금을 낳는다."라며 몰려들었죠. 중세 유럽의 옷감 재료였던 양모의 인기는 매우 높았고 플랑드르Flandre 지역(오늘날의 벨기에와 네덜란드 일대에 해당하는 지역)에서는 방직 산업이 급격히 성장했습니다. 그 시절 옷은 매우 비싼 물건이었기에 양모는 중세시대의 '반도체'라 부를 만한 핵심 자원이었습니다. 말 그대로 경제의 심장이었죠.

사람들은 양모 가격이 끝없이 오를 것이라 믿었고 귀족들은 농민을 내쫓고 양을 더 많이 키웠습니다. 이 광경을 보고 사상가 토머스 모어는《유토피아》에서 이렇게 한탄했습니다.

> "본래 온순하던 양들이 이제는 지나치게 탐욕스러워져서 사람마저 먹어 치우고 있다."

oves illae, quae solent esse tam mansuetae ac frugales, nunc, ut aiunt, factae sunt tam rapaces atque indomitae ut homines ipsos devorent atque consumant.

돈이 된다면 공동체가 무너지는 것조차 개의치 않았던 광기에 가까운 시대였죠. 그러나 백년전쟁(1337~1453년 영국과 프랑스가 벌인 전쟁으로 영토 분쟁을 넘어 왕권 국가가 성장하는 계기가 된 사건)이 발발하고 이어서 흑사병까지 확산되면서 유럽 경제는 붕괴하기 시작합니다. 양모의 수요는 급감했고 결국 가격이 폭락했죠. 전쟁과 역병이 겹치면 일반적으로 물가가 상승하기 마련인데 왜 양모 가격은 으히려 폭락했을까요? 그 이유는 잉글랜드가 원재료 공급지였기 때문입니다.

당시 잉글랜드 양모의 최대 고객은 플랑드르 지역의 방직 공장들이었습니다. 그런데 플랑드르가 백년전쟁의 주요 전장이 되면서 공장들이 불에 타거나 문을 닫게 되었죠. 원재료를 사들일 제조업자들이 사라지니 양모 가격은 폭락할 수밖에 없었습니다.

여기에 흑사병이 겹치면서 유럽 인구의 약 3분의 1이 사망하자 옷을 구매할 소비자가 크게 줄어들었습니다. 살아남은 사람들 역시 당장 먹고 살기 급해지면서 값비싼 고급 양모보다는 식량과 생필품에 돈을 쓰게 된 것이죠. 마치 오늘날의 하이엔드 명품 수요가 급격히 위축되는 상황과 비슷한 모습이라고 할 수 있습니다.

설상가상으로 바닷길마저 막혔습니다. 전쟁으로 인해 잉글랜드에서 대륙으로 양모를 실어 나르던 해로가 차단되면서 양모는 공급 과잉으로 창고에 쌓여 갔지만 판매할 곳은 사라진 상황이었죠. 결국 양모는 악성 재고로 전락했고 가격은 바닥을 칠 수밖에 없었습니다.

중세에도 '떡상'과 '마진콜'이 있었다?

이번엔 광산 투자입니다. 중세 유럽에서 '은'은 화폐 그 자체였습니다.

코이프coif

머리에 쓰고 있는 천은 중세 평민 남성에게 기본 장비 같은 실용품이었다. 보온, 위생, 먼지 차단을 동시에 해결해주는 물건이었으며 모자라기보다는 일종의 '속옷 겸 작업모'에 가까운 역할을 했다. 린넨으로 만들어 땀 흡수가 잘 되었고 머리카락이 눈을 찌르지 않도록 고정하는 기능도 했다. 특히 야외 노동이 잦은 농민이나 장인 계층에서는 상시 착용에 가까웠다. 오늘날로 치면 겨울철 장병들이 목토시나 귀도리를 늘 착용하는 것과 비슷하다.

새끼 양

14세기 잉글랜드의 경제의 핵심 자산이었다. 양털은 플랑드르 직물 산업으로 대량 수출되며 큰 수익을 가져왔고, 이 시기 많은 자유민이 곡물 재배 대신 양 사육에 뛰어들었다. 중세판 투자 붐이었던 셈이다. 문제는 모두가 같은 선택을 했다는 점이다. 울타리를 치고 경작지를 줄이며 양을 늘리는 흐름은 단기적으로 수익을 가져왔지만 장기적으로는 토지 집중과 식량 생산 감소라는 위험을 낳았다. 이 부부 역시 운이 좋았다면 적절한 시기에 이익을 실현했을 수도 있지만 대개의 경우 버블은 가장 마지막까지 기대를 놓지 못한 이들에게 가장 잔인하게 돌아왔다.

커치프kerchief

중세 사회에 여성의 머리카락은 정욕과 유혹을 자극하는 요소로 여겨졌기 때문에 머리를 가리는 행위는 사회 규범에 가까운 일상 복식이었다. 기혼 여성은 물론 성인 여성 대부분이 머리를 가리는 것을 단정함과 도덕성의 상징으로 받아들였다. 오늘날 판타지나 게임에서는 캐릭터의 얼굴과 머리카락을 드러내기 위해 이런 요소가 자주 생략되지만 실제 중세 사회에서 맨머리로 외출하는 것은 상당히 부적절하거나 눈에 띄는 행동으로 인식됐을 가능성이 크다.

쉽게 말해 은을 많이 채굴하면 요즘 말로 '돈 복사'가 가능했던 시대였죠. 12세기와 14세기에 독일과 보헤미아 지역을 중심으로 '은광 붐'이 일어납니다. 신성로마제국의 황제들은 은광에서 거둬들이는 세금을 통해 막대한 재정을 확보했고 귀족들과 교회, 부유한 상인들까지 앞다퉈 광산을 사들였습니다.

은광 채굴권은 오늘날의 비트코인처럼 거래되었습니다. 그 배경에는 누구나 광산을 가질 수 있었던 '광산 자유령'Bergfreiheit이라는 파격적인 제도가 있었습니다. 쉽게 말해 누구든 광물을 발견하면 개발하게 해준다는 원칙으로 귀족이나 지주조차 방해할 수 없었습니다. 왕이나 영주 입장에서는 누가 채굴하든 은 생산량이 늘고 세금만 제대로 걷히면 이익이었기 때문이죠. 덕분에 신분과 상관없이 능력과 운, 자본만 있다면 광산 사업에 뛰어들 수 있었습니다.

당연하겠지만 평민은 물론 귀족조차 광산 전체를 매입할 만큼 큰 돈을 가진 사람은 극소수였죠. 그러나 다 방법이 있었습니다. 바로 광산의 지분을 잘게 쪼갠 '쿡스'Kuxen라는 증서를 사는 것이죠. 광산 하나를 보통 128등분(혹은 135등분)해 소유권을 쪼갠 뒤 판매했습니다. 도시의 부유한 상인은 물론 수공업자(장인), 심지어 어느 정도 돈을 모은 숙련 광부들까지 쿡스를 사들였습니다.

이 종이 증서는 시장에서 자유롭게 사고팔 수 있었습니다. 옆 동네 광산에서 은맥이 터졌다는 소문이 돌면 쿡스 가격이 몇 배씩 뛰었고 평민들도 소위 '떡상'을 노리고 투기 광풍에 뛰어들었죠. 그러나 현실은 기대와 달랐습니다. 광산의 수명은 예상보다 짧고 채굴량이 적자 대출을 받아 광산을 운영하던 많은 투자자들이 줄줄이 파산하는 일이 속출합니다.

광산 투자는 은이 안 나온다고 해서 손절하고 끝낼 수 있는 구조가 아니었습니다. 광산에 고인 물을 퍼내는 비용을 계속 '추가 납입'해야 했던 점도 파산에 한몫했습니다. (광산을 운영하는 데 가장 돈이 많이 들고 기술적으로 어려웠던 것이 배수 비용, 즉 물 빼기였습니다. 땅을 깊이 파면 팔수록 물은 차오르고, 이를 퍼내기 위해 말 수백 마리와 수많은 인부를 동원해야 했죠.) 운영비를 내지 못하면 지분 자체가 몰수되니 울며 겨자 먹기로 계속 돈을 투입할 수밖에 없었습니다. 현대식으로 비유하자면 중세판 '무한 유상증자'와 '마진콜'(빌린 돈으로 거래하다가 손실이 커졌을 때 추가 자금을 넣으라는 요구)에 당한 상황이라고 할 수 있겠네요.

아이러니하게도 투자 광풍 속에서 막대한 부를 쌓은 진정한 승자는 따로 있었습니다. 바로 광산 개발에 돈을 빌려 주고 이자를 챙긴 금융가들이었죠. 대표적인 사례가 15~16세기 은과 구리 광산을 기반으로 유럽의 화폐와 권력을 동시에 지배한 독일의 '푸거 가문'Fugger family입니다. 언제나 그렇듯 곡괭이를 든 사람보다 청바지를 판 사람이 더 큰돈을 벌기도 합니다.

'대체 불가'라 믿었던 필수 자원의 몰락

마지막으로 이번에는 중세가 아니라 근세로 넘어가 볼까요? 16세기의 '목재 버블'입니다. 당시 유럽은 장기적인 기후 냉각기인 소빙하기Little Ice Age에 접어들면서 나무의 생장 속도가 눈에 띄게 느려졌고 자연스럽게 목재 공급이 줄어들기 시작했습니다. 한편 유럽은 산업화와 도시 확장으로 건축 자재, 선박 제조, 난방 연료 등 거의 모든 분야에서 목재 수요가 폭발적으로 늘어났죠. 그 결과 '나무는 곧 황금'이라는 말이 퍼질 정도로 독일과 중앙 유럽을 중심으로 목재 가격이 급등했습니다. 그러자 너도나도

하한가 매수자 찾기
광산에서 은이 나오지 않고 침수되기 시
작하면 지분 가치가 폭락했다. 그러나 '물
만 다 퍼내면 다시 은이 나온다'는 희망에
매달리는 개인 투자자들은 동서고금을 막
론하고 존재했다.

기계식 배수 장치 '하인첸쿤스트'Heinzenkunst
(212쪽 참고)가 도입되기 전, 광산의 물은 오로지
사람과 가축의 힘으로 퍼내야 했다. 광부들은 양동
이를 들고 끝없이 물을 길어 올렸고, 말이나 당나
귀를 이용한 인력 장치도 동원됐다. 그러나 지하수
의 유입 속도는 인간의 노동력을 압도했고 잠시만
관리가 느슨해져도 갱도가 물에 잠기곤 했다. 결국
광산 운영은 단순한 채굴이 아니라 '얼마나 오래
침수를 버텨내느냐'의 싸움이었다. 이 난제를 해결
하기 위해 등장한 것이 체인과 기어를 이용한 배수
장치 '하인첸쿤스트'였다.

쿠스

중세부터 근세에 이르기까지 독일 광산에서 사용되던 일종의 '지분 증서'다. 광산은 막대한 자본이 필요한 사업이었기 때문에 개인이 단독으로 운영하기보다 여러 사람들이 지분을 '쿠스' 형태로 나누어 투자하는 방식이 일반적이었다. 문제는 쿠스가 권리뿐만이 아니라 의무까지 포함한 지분이었다는 점이다. 광산에 물이 차오르거나 추가 설비가 필요하면 투자자들은 계속해서 자금을 추가로 분담해야 했다. 이를 감당하지 못하면 지분을 잃거나 빚더미에 오르기도 했다.

아쉽게도 중세 시기의 실물 쿠스 증서는 거의 남아 있지 않아 현재 자료의 대부분은 문헌 기록에 의존한다. 다만 19세기 말~20세기 초 광산 회사의 지분 증서 일부가 남아 있어 이를 토대로 유추할 수 있다.

죽음의 추가 분담금, 주부세Zubuße

광산은 은이 나오지 않아도 운영을 멈출 수 없었다. 특히 지하수가 차오르면 배수 작업을 위해 막대한 추가 비용이 발생했는데, 이때 기존 투자자들에게 강제로 추가 자금을 부담시키는 것이 '주부세'였다. 문제는 이 비용이 언제, 얼마나 발생할지 예측이 거의 불가능했다는 점이다. 수익은 불확실한데 비용은 계속 늘어나는 구조였기에 주부세는 투자자를 파산으로 몰아넣는 '죽음의 청구서'로 여겨지기도 했다.

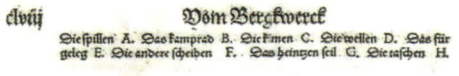

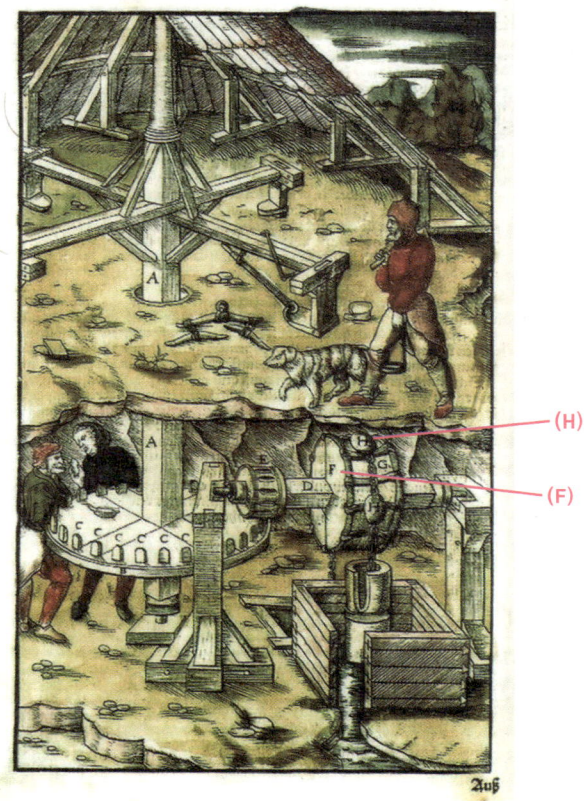

(H)

(F)

▲ 16세기 르네상스 시대 과학자 게오르기우스 아그리콜라가 1556년에 펴낸 《금속에 관하여》De Re Metallica에 수록된 광산 기계 삽화. 이 그림에는 16세기 광산의 핵심 배수 장치인 '하인첸쿤스트'가 묘사되어 있다. 체인에 달린 가죽 주머니를 순환시켜 물을 끊임없이 퍼 올리는 방식으로, 당시 광산 침수 문제를 해결한 혁신적인 기계식 배수 시스템이었다. 이 장치는 주주들의 지분(쿡스) 가치까지 건져 올려준 핵심 기술이기도 했다.

[작동방식]
① 체인을 감아 올리는 드럼(F)이 회전하면서 체인에 달린 가죽 주머니(H)가 아래로 내려가 지하의 물통 속에 잠긴다.
② 물속 주머니가 물을 머금은 상태로 체인을 따라 위로 이동한다.
③ 주머니가 드럼 상단을 지나면서 물을 쏟아내고, 배출된 물은 수로(그림 하단에 가려진 부분)로 흘러간다.

산림 매입과 벌목 사업에 뛰어들었습니다.

그러나 곧 문제가 발생했죠. 나무가 자라는 속도보다 베어 내는 속도가 훨씬 빨랐던 것입니다. 산림 자원은 빠르게 고갈되었고 목재 가격은 감당하기 어려운 수준으로 치솟았죠. 필수 자원이기 때문에 결코 망하지 않을 것이라 믿었지만 그 확신이 오히려 독이 되었습니다. 이는 단순한 가격 거품의 붕괴가 아니라 경제 시스템 자체를 위협하는 자원 위기로 이어졌기 때문이죠.

결국 어떻게 됐을까요? 사람들은 다른 곳으로 눈을 돌리기 시작했습니다. 지나치게 값이 오른 목재 대신 석탄 같은 대체 에너지를 사용하기 시작했습니다. 영원할 거라 믿었던 핵심 자원도 자원 고갈과 대체재의 등장 앞에 그 자리를 잃을 수 있다는 사실이 드러난 것이죠.

자, 역사 속 사건들이 오늘날 우리와 어떤 관련이 있을까요? 양모, 은, 목재는 모두 당시 사회를 지탱하는 필수 자원이었습니다. 오늘날의 반도체나 인공지능 인프라처럼요. 하지만 '필수'라는 말이 곧 '영원하다'는 뜻은 아닙니다. 양모의 몰락은 외부 충격에 따른 수요 붕괴를, 은의 몰락은 과도한 기대와 기술적 한계를, 목재의 몰락은 대체재의 등장을 보여 줍니다. 한 시대를 지배하던 자원이 다른 자원에 의해 밀려나는 역사는 반복됩니다.

우리가 오늘날 투자한 것들도 언젠가 거품이 될 수 있습니다. 중요한 건 그 전에 빠져나올 수 있느냐는 것이죠. 저요? 빠져나왔냐고요? 아니요, 물렸습니다.

칼을 든 외주 용병,
충성은 금화로 계산된다

: 전쟁터의 프리랜서 경제학

배경 연도

14~16세기 유럽

계약서 한 장에 목숨을 걸었던
전쟁터의 외주 용병들.
그들의 거친 출근길은 어땠을까요?

대가 없는 노동은 오래가지 않고 보상 없는 일에 충성은 따라붙지 않습니다. 근로라는 것은 대가 위에 성립되기 마련이며, 급여 없는 일에 마음을 다할 이유는 없죠. 이런 당연한 원칙은 중세 유럽의 전쟁터에서도 그대로 통했습니다.

오늘날에는 직장 상사의 눈치와 퇴근 후 카카오톡 지시, 회식 자리에서 맥주 원샷 강요가 문제지만 중세시대 계약직 노동자는 전장을 뛰어다녔고 사내 워크숍 대신 창끝을 맞댔으며, 퇴직금 대신 약탈품을 챙겼습니다. 계약과 생존 사이를 저울질하며 전장을 누빈 이들이 바로 유럽 전역을 무대로 활동했던 용병들이죠.

중세 용병단의 기막힌 외주 계약서

중세 용병은 누구의 신하도 아니었고 명예를 좇지도 않았습니다. 오직 계약과 보상을 기준으로 움직였고 싸움이 끝나면 바로 다음 고용처로 향했을 뿐입니다. 말하자면 이들은 칼을 든 프리랜서였고 충성 대신 계약 조건을, 국가 대신 생계를 선택한 노동자들이었죠. 놀랍게도 이들의 삶은 오늘날 우리의 노동 환경과 그리 다르지 않았습니다.

과도기 갑옷 ●

사슬갑옷 위에 점차 판금 보호구가 추가되던 시기의 장비를 과도기 갑옷 transitional armor이라 부른다. 이는 전신 판금 갑옷으로 발전하기 전 단계의 형태로, 특히 14세기 중후반에 두드러지게 나타난다. 중세 초기에는 사슬갑옷 하나로 버텼는데 전쟁을 거듭하며 취약한 부위가 드러나기 시작했다. 그래서 팔, 다리, 관절에 철판을 하나씩 덧대어 보강했고 이렇게 전신 판금 갑옷이 완성됐다.

중세 전쟁에서 약탈은 필수 보상 체계에 가까웠다. 급여가 불안정했던 병사와 용병은 전리품을 통해 생계를 유지했다. 마을, 농지, 가축, 식량은 물론 주민도 약탈 대상이 되었다.
성이나 도시가 함락되면 승자에게 일정 기간 약탈을 허용하거나 묵인하는 관행도 존재했다. 이 기간은 지역과 상황에 따라 달랐지만 보통 하루에서 사흘 정도로 여겨진다. 이는 병사들에게 일종의 성과급을 지급하는 방식이자 적의 경제 기반을 파괴하면서 병력 유지 비용을 절감하는 수단이었다. 약탈은 대개 통제되지 않는 경우가 많았고 민간인에게 직접 닥치는 재앙으로 이어지곤 했다.

중세 사회에서 교회와 성직자는 원칙적으로 보호 대상에 속했다. 그러나 실제 전쟁에서는 이러한 규범이 자주 무시되었다. 수도원과 교회 역시 약탈과 방화의 대상이 되었고, 성직자와 수녀도 예외가 아닌 경우도 적지 않았다.

플레일 Flail (도리깨) ●

원래 곡식을 탈곡하던 농기구에서 유래한 무기다. 사슬의 회전력을 이용해 상대의 방패를 우회해서 직접 타격할 수 있는 전술적 이점이 있으며 구조가 비교적 단순해 제작도 쉬웠다. 무엇보다 농민 출신 병사들에게는 평생 다뤄 온 도리깨와 작동 원리가 유사했기에 별도의 훈련 없이도 실전 투입이 가능한 장점이 있었다. 이런 이유로 플레일은 민병대와 하급 병사들이 비교적 익숙하게 사용하던 무기였다.

중세 기사는 단독으로 움직이지 않았다. 그들은 '랜스'lance라 불리는 소규모 전투 단위로 활동했으며 종자, 하급 병사, 각종 보조 인력으로 구성된 일종의 팀이었다. 즉, 기사 한 명이 움직인다는 것은 적어도 4~6명 규모의 분대가 움직인다는 의미였다.

예를 들어 영주나 국왕이 용병 대장과 계약할 때 "기사 5명을 데려와!"라고 하는 것이 아니라 "5랜스를 계약하겠다."라는 방식에 가까웠다. 이러한 계약을 맺으면 기사뿐만 아니라 숙련된 보병과 궁수까지 하나의 패키지처럼 따라오는 구조였다. 이들은 특정 영주에게 소속되기도 했지만 계약에 따라 전장을 옮겨 다니는 준독립적 무장 세력(용병)으로 활동하는 경우도 많았다.

중세 전장에서 기사의 진정한 상징은 도검이 아니라 랜스lance, 즉 기병용 창이었다. 기사들은 랜스를 겨드랑이에 끼고 돌격하는 중무장 기병이었다. 여기서 착안해 19세기 스코틀랜드 작가 월터 스콧은 특정 영주에게 소속되지 않고 자신의 무력을 제공하는 용병 기사를 '프리랜스'free-lance라 불렀고, 이것이 오늘날 '프리랜서'라는 단어의 어원이 되었다.

실제로 '프리랜서'freelancer라는 말은 '자유로운'free과 '창'lance이 합쳐진 용어로 자유로운 창을 가진 전사, 즉 특정 집단에 속하지 않고 계약에 따라 전장에 참여하던 기사나 용병을 의미했습니다. (중세시대에 실제로 '프리랜서'라는 단어가 널리 쓰였다기보다는 19세기에 작가 월터 스콧이 과거의 용병 시스템을 설명하기 위해 문헌상 최초 용례로 알려진 문학적 표현에 가깝습니다.)

중세의 전쟁은 단순히 왕과 기사들의 결투가 아니었습니다. 영주들이 정규직 상비군을 상시 유지하려면 막대한 비용이 필요했지만 대부분 그럴 만한 재정적 여력이 없었습니다. 상비군이 부족했던 영주들은 전쟁이 벌어질 때마다 무장한 외부 인력을 고용했고, 이는 필요할 때만 비용을 지불하는 방식이라는 점에서 오히려 더 경제적이었습니다. 외주 용병들은 유럽 전역에서 모여들었고 브르타뉴, 노르만, 플랑드르 등 출신 배경도 다양했습니다. 역할 또한 궁병, 창병, 돌격병, 기병 등으로 세분화되어 있었죠.

말하자면 당시의 전쟁은 완전한 '외주 사업'에 가까웠고 각 도시국가들은 자국민 대신 외국인 용병을 선호했습니다. 싸움은 이방인이 치르고 승리의 명예는 귀족이 가져가는 구조였습니다. 오늘날 기업들이 업무는 외주화하고 성과는 내부에서 챙기는 모습과 크게 다르지 않습니다.

이 시기부터 용병은 단순한 싸움꾼이 아니라 계약서를 들고 움직이는 전문가가 됩니다. 급여 체계는 단순했습니다. 전투 전에 선불금을 지급받고 전투가 끝난 뒤에는 전리품을 챙겨 추가 보상을 받는 방식이었습니다. 약탈권은 선택 사항이 아니라 기본 복지에 포함되는 경우가 많았습니다. 당시 국가와 영지의 재정은 빈약했고 화폐 유통량도 충분하지 않았기 때문에 금화와 은화로 안정적인 급여를 지급하는 일 자체가 어려웠습니다. 따라서 용병 입장에서 실물로 지급되는 전리품이 가장 확실한 수익원이었죠. 실제 용병 고용 계약서에는 약탈권 보장이 명시되기도 했고 승전 시 약탈이 가능한 지역과 불가능한 지역, 약탈 허용 기간까지 구체적으로 명시하기도 했습니다.

물론 약탈에도 나름의 규칙이 존재했습니다. 지역과 시대마다 차이는 있지만 일반적으로 지휘관(용병대장 포함)이 약탈품 중 일정 비율을 우선적으로 취득하고 아래 병사들은 각자 챙긴 전리품 가운데 일부를 상납한 뒤 나머지를 개인 몫으로 분배하는 방식으로 알려져 있습니다.

그렇다면 고용주가 용병에게 임금을 제때 지급하지 못하면 어떤 일이 벌어졌을까요? 간단합니다. 용병들이 전투에 나서지 않으면 됩니다. 그러나 대부분의 경우 약탈권이 어느 정도 보장된다면 용병단이라는 집단은 그럭저럭 돌아가기는 했죠. 고용주 입장에서도 전투 이후 지역을 안정적으로 장악하려면 통치력을 유지해야 했기에 용병들의 약탈을 자제시켜 민심을 잃지 않으려는 시도도 했습니다. 그러나 현실은 그리 녹록지 않았습니다. 세금만으로는 용병들의 급여를 충당할 수 없었고 전쟁 자체가 약탈에 의존해 유지되던 시대였으니까요.

철저한 손익 계산과 현실적인 비즈니스 감각

중세 후기인 14~15세기에 접어들면서 이탈리아는 바야흐로 르네상스 도시국가의 시대로 들어섭니다. 그러나 이들 도시국가는 자국 시민들을 전쟁에 동원하기를 꺼렸고 전쟁을 사실상 외주로 해결하기 시작합니다. 그 이유는 당시 도시국가들은 상업과 금융으로 성장한 시민계급 사회였기 때문입니다. 피렌체, 베네치아, 밀라노 같은 주요 도시국가의 시민층은 상인, 은행가, 장인들이었고 이들은 국가의 핵심 구성원이자 우수 납세자였죠.

한번 생각해 보세요. 회사의 핵심 개발자에게 "전쟁이 났으니 당장 총 들고 나가라!"라고 말한다면 회사의 생산성부터 떨어지지 않겠습니까? 당시 도시국가의 시민들은 군사 훈련을 받은 전사가 드물었습니다. 전투 경험도 병영 문화도 없었기에 군사적 전문성이 부족한 이들을 실전에 투입하기란 현실적으로 어려움이 많았죠.

정치적 리스크도 존재했습니다. 시민에게 무기를 쥐여 주는 것은 전쟁이 끝난 뒤 그 무기가 국가를 향할 수 있다는 위험을 내포하고 있었고, 실제로 중세 도시 반란의 상당수는 무장한 시민계급에서 발생했다는 것이 역사적 사실입니다. 이러한 이유로 이탈리아 도시국가들은 전쟁을 정치와 경제의 연장선에 있는 사업으로 인식하게 됩니다. 외주 용병을 고용하면 전쟁을 계약과 비용 문제로 관리할 수 있고 필요가 사라지면 언제든지 계약을 종료할 수 있다는 장점도 있었죠.

이때 등장한 존재가 바로 이탈리아의 '콘도티에리'Condottieri 입니다. 말 그대로 '계약을 맺은 자'라는 뜻으로 계약에 따라 칼잡이들을 이끄는 용병대장이자 CEO라고 할 수 있습니다. 이들은 본인들의 세력을 가지고 있었으며 전투에 나가기 전 철저하게 계약서를 먼저 작성했습니다. 급여와 약탈권 여부, 계약 기간, 병력 규모, 철수 조건까지 세부적으로 명시했으며 심지어 야간 기습 및 진흙밭 전투 거부 및 특근 수당 조항도 포함되었죠. 이들은 계약이 끝나면 곧바로 다음 클라이언트를 찾아 떠났습니다.

그렇다 보니 한 도시에 고용되어 싸우던 콘도티에리가 다음 달에는 그 도시를 공격하는 일도 벌어졌습니다. 대표적인 인물로 용병대장에서 시

제노바 쇠뇌병
이탈리아 도시국가 전쟁에서 활약한 대표적인 원거리 병종이다. 특히 제노바 출신 쇠뇌병은 콘토티에리(용병대장)들이 선호한 정예 병력이었다. 이들은 파비스 방패와 함께 운용되며 집단 사격과 재장전 분업 체계를 갖춘 것이 특징이었다.

파비스pavise
대형 방패로 쇠뇌병이 재장전하는 동안 몸을 숨기기 위해 사용되었다. 이동 시에는 병사가 등에 메고 운반했으며, 전투 시에는 지지대를 이용해 땅에 세워 이동식 엄폐물처럼 운용됐다. 경우에 따라 별도의 병사(파비시에pavisier)가 방패를 들고 서 있기도 했다. 방패 표면에는 도시 문장이나 고용주의 상징이 그려진 경우가 많았다.

중장 보병(맨앳암즈 Man-at-arms**)**
판금 갑옷(또는 과도기 갑옷)으로 무장한 중장 보병으로 반드시 기사 신분에 한정되지는 않았다. 후기 중세에는 부유한 평민이나 전문 용병도 이러한 장비를 갖추고 전투에 참여했다. 기존에는 화살과 쇠뇌에 높은 방어력을 지녔지만 초기 화기인 핸드 캐논의 등장 이후 절대적인 안전을 보장받기 어려워졌다. 이는 냉병기 중심 전장에서 화기 중심으로 넘어가는 과도기를 보여준다.

▲ **프란체스코 1세 스포르차의 초상화 |** 콘도티에로(용병대장) 출신으로 밀라노 공작 필리포 마리아 비스콘티의 딸 비안카 마리아와 결혼한 뒤 군사력과 정치적 연합을 바탕으로 1450년 밀라노 공작에 오른 인물이다.

▲ 스포르차가 밀라노 공작에 오른 뒤 우선적으로 추진한 일 중 하나는 자신의 이름과 얼굴이 새겨진 화폐를 발행하는 것이었다. 화폐 발행권은 곧 통치권을 의미했는데, 용병 출신이던 그는 혈통적 정통성이 약했기 때문에 권력을 정당화하려는 의도도 있었다. 이런 초상 화폐는 새 통치자의 권위와 정통성을 시각적으로 드러내는 수단이기도 했다.

◀ 14세기 후반 스위스 병사가 휴대용 손대포 '핸드 캐논'을 발사하는 모습. 발치에 화약 주머니와 장전봉이 놓여 있다.

작해 밀라노 공작으로 출세한 프란체스코 스포르차_{Francesco Sforza}가 있습니다. 물론 콘도티에리에 대한 고용주들의 불만도 적지 않았습니다. 전쟁이 길어질수록 보수가 늘어났기 때문에 전투를 지연시키려고 의도적으로 질질 끌었다는 기록도 존재한다고 합니다. 이는 대부분의 용병에 해당되는 만성적인 현상이기도 했죠.

비싸지만 그 값은 확실한 용병 브랜드

용병을 국가의 '수출 산업'으로 활용한 나라도 있었습니다. 그 나라는 바로 스위스입니다. 14세기 후반부터 16세기까지 스위스 용병은 유럽 전역에서 최상급의 전투력을 지닌 병력으로 평가받았습니다. 당시 스위스는 유럽의 대표적인 빈국이었습니다. 척박한 산악 지형과 제한된 농업 생산력 때문에 경제적으로 넉넉하지 못했고 국토 면적도 좁아서 젊은 남성들이 생계를 위해 창 한 자루를 쥐고 외국으로 나가야 했죠.

스위스 용병은 오늘날로 치면 자신들만의 브랜드 전략을 지닌 최고급 인력이었습니다. 무엇보다 신뢰도가 높았습니다. 전장에서 무단 이탈이 적고 명령 불복종 사례도 거의 없었으며 장기 계약에서도 비교적 통제가 잘되는 병력이라는 평가를 받았습니다.

당시 대부분의 용병들이 약탈을 보상 체계로 삼았지만 일부 스위스 용병단은 계약서에 약탈 금지 조항을 명시하기도 했습니다. 물론 고용 비용은 더 비쌌지만 고용주의 허가 없는 약탈 행위를 일절 하지 않는다는 약속 효과는 확실해서 도시 지역이나 적국의 수도, 교회령처럼 약탈 민감 지역이 포함된 전장에서 특히 선호도가 높았습니다.

이들의 전술 핵심은 중무장과 밀집 방진을 기반으로 하는 창병 전술이

전통 가옥 '샬레' chalet
눈과 바람을 견디기 위해 경사가 급한 지붕과 두꺼운 목재 구조가 특징이다. 지붕 위에 올려둔 돌은 강풍에 지붕재가 날아가는 것을 막기 위한 실용적 장치였다. 당시에는 금속 못이 비싸고 귀했기 때문에 구조를 고정하는 데 이런 방식이 널리 사용되었다. 눈의 무게를 분산시키고 지붕을 눌러 고정하는 역할도 했다.

알프스의 척박함과 용병 국가 스위스
산악 지형이 대부분인 스위스는 경작지가 부족해 인구를 부양할 만큼 생산력을 갖추기 어려웠다. 이 때문에 젊은 남성들이 외국 군주에게 고용되는 용병 산업이 발전했다. 또한 프랑스, 신성로마제국, 이탈리아 도시국가 사이의 요충지였던 만큼 각국은 이 지역의 군사력을 확보하거나 중립을 유지시키는 데 관심을 가졌다. 결과적으로 스위스는 유럽 전쟁 판도를 좌우하는 병력 공급지로 자리 잡았다.

스위스 용병 라이슬로퍼 Reisläufer
유럽 각국에서 높은 평가를 받았고, 특히 장창을 이용한 밀집 보병 전술로 명성을 떨쳤다. 할버드(도끼 창) 같은 폴암과 화약 무기까지 함께 운용하며 전장에서 유연하게 대응했다. 임금은 비쌌지만 값에 걸맞은 전투력을 보여 주었기에 프랑스와 신성로마제국 등 주요 국가들은 이들을 꾸준히 고용했다.

었습니다. 특히 당대의 창병 밀집 진형은 중무장한 기사나 보병조차 돌파하지 못할 만큼 압도적인 성능을 자랑했고 스위스 용병은 '값은 비싸지만 성능은 확실한 용병 브랜드'로 자리매김하게 됐죠.

명품이 등장하면 짝퉁도 생기는 법. 15~16세기 독일의 란츠크네히트 Landsknecht는 스위스 용병을 모방한 버전이었죠. 스위스 용병이 뛰어나다는 점은 모두 알고 있지만 문제는 비용이었지요. 이에 신성로마제국 황제 막시밀리안 1세가 창설한 작품이 바로 란츠크네히트였습니다. 이들은 'Land'(땅, 국가)와 'Knecht'(하인, 병사)를 합친 이름으로 '토박이 보병'이라는 의미를 지녔지만 그 시작은 스위스 용병의 마이너 카피 버전에 가까웠습니다.

스위스 용병이 장인 정신으로 빚어낸 '명품 시계'라면 란츠크네히트는 대량 생산 공정으로 찍어낸 '고성능 보급형 시계'로 비유할 수 있겠네요. 이들은 대규모 물량 공세 운용을 전제로 조직되었기에 병력 확장이 쉬웠고 포병과의 협공 전술도 일부 채택하는 유연함도 보여 주며 근세식 군대로 넘어가는 중간 다리 역할도 하게 되죠.

▲ **란츠크네히트와 그의 아내**Landsknecht with his Wife, **다니엘 호퍼, 1530년대** | 란츠크네히트 가족과 반려견을 그린 판화. 뒤따르는 여성은 '트로스프라우'Trossfrau로 용병 부대를 따라다니며 짐 운반, 세탁, 취사 등 각종 잡무를 맡던 여성이다. 이들 가운데 상당수는 란츠크네히트의 가족, 특히 아내였으며 이 여성과 반려견 역시 부대와 함께 행군 중인 것으로 보인다. 삽화를 그린 다니엘 호퍼는 원래 갑옷에 정교한 문양을 새기던 금속 공예가였다. 삽화 속 칼집에 새겨진 'D.H'라는 문구는 그의 이니셜로 고유한 서명을 나타낸다.

이탈리안 그레이하운드
당시 상류층뿐만 아니라 비교적 여유 있는
시민 계층에서도 사랑받던 반려동물이다.

16세기 용병들은 이동할 때 가족이나 보
급을 담당하는 여성들과 함께 다니는 경
우가 많았다. 이들은 행상, 세탁, 구두 수
선, 요리, 간호, 접대 등 다양한 업무를 수
행했다.

물레 막대
걸어다니면서도 실을 뽑을 수 있게 만든
도구로 16세기 여성의 삶에서 빼놓을 수
없는 생활 필수품이었다. 막대 끝에 아마
섬유나 양모를 감아 두고, 손으로 섬유를
조금씩 꼬아 당기며 실을 만들었다.

15~16세기에 활동한 용병 란츠크네히트의 전형적인 모습. 이들은 당시 '사치 금지법'에서 예외를 인정받아 매우 화려하고 과장된 옷을 입었다. 소매와 바지에 칼집을 내어 안감이 밖으로 드러나게 하는 '슬래싱'slashing 기법이 특징인데, 이는 전투에서 승리한 뒤 전리품으로 얻은 옷을 덧대어 입던 관습에서 유래했다는 설이 자주 인용된다.

이들의 화려한 옷은 단순한 취향을 넘어 위험한 전장에서 살아남은 전문 용병의 몸값과 자부심을 과시하는 시각적 광고판에 가까웠다. 목숨 대신 복장 규제에서 자유를 얻은 셈이다.

도펠죌트너Doppelsöldner, double-pay man
'이중 급료를 받는 자'라는 뜻으로 일반 병사보다 더 위험하거나 숙련이 필요한 임무를 맡는 대신 두 배의 급료를 받았다. 특히 적의 장창 대열에 가장 먼저 뛰어 들어가 거대한 검(츠바이헨더)으로 전열을 뚫는 임무를 맡은 자들은 생존 확률이 낮았다. 이 때문에 이중 급료를 받는 '도펠죌트너'는 란츠크네히트의 상징과도 같았다.

무엇보다 이들의 화려한 복장은 자신만의 색깔을 만들어 냈습니다. 오늘날의 기준으로 봐도 과감할 정도로 알록달록한 색감, 아무렇지 않게 찢어진 소매는 말 그대로 전장의 '힙스터'라고 봐도 무방할 정도였습니다. 다만 스위스 용병과 가장 크게 달랐던 점은 통제의 어려움과 약탈에 매우 진심이었다는 점입니다.

비즈니스의 끝은 결국 신용! 목숨으로 계약을 지킨 않은 용병들

1527년 역사상 가장 악명 높은 사건 가운데 하나인 '사코 디 로마'Sacco di Roma가 벌어집니다. 고용주였던 신성로마제국의 황제가 용병들의 급여를 지급하지 못하자 분노한 용병들이 로마로 진격해 도시를 무차별적으로 약탈하고 학살한 사건이었죠.

로마 시민들이 참혹하게 희생되었고 성 베드로 대성당마저 약탈당했으며, 교황은 목숨을 부지하기 위해 산속으로 도망쳐야 했습니다. 그 와중에 단 한 집단만은 끝까지 교황 편에 섰습니다. 바로 스위스 근위대였습니다. 로마가 유린되고 성당이 불타던 순간에도 스위스 근위대는 자리를 지켰고 교황을 보호하기 위해 목숨을 던졌습니다.

당시 189명의 스위스 병사 가운데 147명이 전사했습니다. 살아남은 병사들은 교황을 비밀 통로를 통해 안전한 요새로 피신시켰고, 이 사건 이후 스위스 용병은 전장에서 패배한 군대를 넘어 충성과 신뢰의 상징으로 기억되었습니다. 이후 바티칸은 교황의 경호 임무를 오직 스위스 출신 병사들에게 맡기기로 결정합니다.

오늘날까지도 화려한 제복과 전통 무기로 무장한 스위스 근위대는 세계에서 가장 오래된 현역 부대로서 교황청을 수호하고 있습니다. 전장에

▲ **로마의 함락**Sack of Rome, **플랑드르 화파, 1527** | 스위스 용병과 란츠크네히트 병력이 뒤엉켜 사투를 벌이는 혼란을 묘사한 장면이다. 혼란 속에서 스위스 근위대는 교황을 탈출시키기 위해 189명 중 147명이 전사하며 자신들의 신용을 증명했다.

서는 사라졌지만 전설로 영원히 남게 되었죠.

500년 전이나 지금이나 사람들이 세상과 계약을 맺는 방식은 크게 달라지지 않았습니다. 스위스 창병과 이탈리아 콘도티에리, 독일의 란츠크네히트까지 그들이 전장에 나선 이유는 명예보다 조건이었습니다. 장창과 쇠뇌, 대검을 들고 싸우던 그들이나 오늘날 노트북을 들고 출근하는 우리나 같은 질문을 던집니다.

"그래서 얼마 주는데요?"

제4장

권력과 규칙

: 사회를 움직이는 보이지 않는 규칙

고양이를 죽인 대가는 목숨이었다

: 고대부터 이어진 집사들의 신성한 계보

배경 연도

기원전 2,000년경~기원전 1세기 고대 이집트

이집트인들이 고양이를
'국보급 반려동물'로
모신 이유는 무엇일까요?

오늘날 우리는 고양이에게 간택당한 집사로 살아갑니다. 하지만 수천 년 전 고대 이집트에서는 집사 노릇이 말 그대로 목숨을 걸어야 하는 일이었다면 믿기나요? 당시 고양이는 단순한 반려동물이 아니라 신의 화신이자 가정을 지키는 수호 존재였고 함부로 해치면 사형에 이를 수 있는 동물이었습니다.

이는 로마제국이 이집트를 통치하던 시기의 기록에서 확인됩니다. 한 로마 병사가 실수로 고양이를 죽인 사건이 있었는데 분노한 이집트 시민들이 그 병사를 길거리에서 돌로 쳐 죽였다는 이야기가 전해집니다. 로마가 이집트를 병합한 이후에도 이집트인들의 토착 신앙과 전통을 존중하는 정책을 어느 정도 유지했기 때문에 고양이에 대한 종교적 금기가 여전히 강하게 남아 있었죠. 이러한 문화를 이해하지 못하고 고양이를 죽인 행동이 민중 폭동으로 이어진 셈입니다.

고대 이집트인들은 하늘의 신을 섬기기보다 집 안에서 함께 살아가는 작은 동물 한 마리에게 더 큰 경외를 보냈습니다. 로마제국 군인조차 고양이를 못 이겼던 시대. 이 정도면 고양이는 제국을 지배한 신이었다고 말해도 과장이 아닙니다.

이집트 연애 노래 ●
기원전 1500~1000년경 신왕국 시대부터 이집트에는 연애 시와 노래가 대중적으로 발달해 있었다. 실제로 발굴된 가사에는 "그녀가 없으면 심장이 흔들린다.", "그녀의 집 앞에서 밤새 기다린다."와 같은 직설적이고 감각적인 표현이 등장하는데, 그 정서가 놀라울 만큼 현대적이었다.

곡물이 쌓이면 쥐 같은 설치류가 들끓었고, 고양이는 이를 사냥해 식량 손실을 줄이는 역할을 했다. 설치류를 따라 농장으로 들어오는 독사 역시 큰 위협이었는데, 고양이는 민첩한 반사신경으로 뱀의 공격을 피하면서 머리 부위를 정확히 노려 대응했다.

샤두프shadoof
이집트식 최첨단 워터 펌프. 지렛대 원리를 이용해 낮은 지대에 흐르는 강물을 높은 경작지로 퍼 올리는 이집트식 관개 장치다. 나일강의 풍요는 자연스럽게 생긴 것이 아니었다. 물을 끌어올리는 노동과 관개 기술이 이집트 농업을 지탱하는 기반이었다.

이집트의 대규모 노동은 '채찍을 맞는 노예 집단' 노동이 아니라 출근 기록과 식량 배급을 관리하는 감독관과 서기관이 운영하던 국가 주도 노동에 가까웠다.
런던 대영박물관에 소장되어 있는 고대 이집트의 출근 기록부에는 "눈이 아파서", "전갈에 쏘여서", "맥주를 만드느라", "지인의 장례식에 참여해야 해서" 같은 노동자들의 결근 사유가 적혀 있다. 이를 보면 당시 사람들의 일상 역시 매우 현실적이었음을 알 수 있다.

서기관과 필기구

서기관은 귀족 계층만은 아니었고 평민도 가능했다. 이들은 나라를 움직이는 행정가이자 회계사, 법률가, 역사가를 겸한 최상위 지식인 계층에 가까웠다. 당시 글을 읽고 쓰는 능력은 신분과 권위를 뜻했으며 필기구는 그 지위를 드러내는 상징이었다.

이들은 붓과 잉크를 담은 얇고 길다란 나무 팔레트를 휴대했다. 갈대로 만든 붓은 잉크를 잘 머금도록 한쪽 끝을 닳게 처리했는데, 이러한 팔레트의 디자인은 후대까지 크게 변하지 않았다. (오른쪽 사진은 메트로폴리탄 박물관에 소장된 실제 팔레트다.)

고대 이집트는 나일강의 범람수를 흙둑과 수로로 나눈 구획에 흘려보내는 '분지 관개 방식'을 통해 농사를 지었다.

인류 최초의 집사 국가, 고대 이집트

서두에서 이집트가 로마의 지배를 받던 시절 이야기부터 시작했지만 사실 이집트인이 고양이를 길들이며 본격적으로 함께 살기 시작한 시기는 훨씬 이전인 기원전 2,000년 무렵까지 거슬러 올라갑니다. 기원전 2,000년이라고 하면 아득히 먼 옛날처럼 느껴지지만 인류의 가축화 역사를 통틀어 보면 고양이는 비교적 최근에 인간 사회에 편입된 동물이죠.

고양이는 인간이 의도적으로 길들인 동물이라기보다 스스로 인간의 곡창지대에 접근해 공생 관계를 형성하며 반가축화된 경우에 가깝습니다. 그래서 고양이의 가축화는 어느 순간 완성된 사건이라기보다 가정 안으로 들어와 함께 살아가는 방식이 점진적으로 굳어진 과정으로 보는 견해도 많습니다.

그렇다면 고양이는 어떻게 신성한 존재가 되었을까요? 고양이와 고대 이집트인의 공존은 인간의 생존과 직결된 실용적 관계에서 시작되어 자연스럽게 신격화로 이어졌습니다. 이는 자연과 신성을 분리하지 않고 융합적으로 이해했던 이집트 신화의 구조와도 일맥상통하죠.

나일강 유역을 중심으로 문명을 발전시킨 이집트는

▲ 뱀 잡는 고양이 | 고양이가 뱀을 사냥할 수 있는 비결은 압도적인 반사 신경과 유연한 신체에 있다. 뱀의 공격 속도보다 고양이의 회피 및 반격 속도가 훨씬 빨라 고양이는 뱀의 독니에 거의 닿지 않으며, 움직임을 정확히 예측하고, 순식간에 머리를 공격해 제압한다.

서기관 가업은 이어드릴게요. 그럼 저는 좀 바빠서~

너 정말 글공부 안 할 거니? 자고로 글이란 인간이 만든 기예 중 최고로….

프톨레마이오스 시대의 피라미드
피라미드는 원래 흰색 투라tura 석회암 외장재로 덮여 태양 빛을 강하게 반사하는 구조물이었다. 그러나 기원전 50년경에는 이미 2,000년 가까이 세월이 흐르며 상당 부분이 벗겨지고 훼손된 상태였다. 이 시기에도 그리스와 로마 출신 여행객들이 외벽에 이름을 새기는 낙서를 남길 만큼 피라미드는 이미 오래된 관광 유적에 가까운 존재였다.

리라lyre
알렉산드로스 대왕의 이집트 정복 이후 그리스 문화가 유입되면서 전통 악기인 하프와 그리스식 리라도 점차 확산됐다. 특히 리라는 휴대가 쉬워 젊은 층에게 매력적인 악기였을 가능성이 크다. 본래 이집트인들은 사랑 노래와 연애 가사를 즐기는 전통이 있었고, 감정 표현에도 솔직한 편이었기에 리라는 당시 젊은이들의 연애 감성과 음악 취향에도 잘 어울렸을 것이다.

몸은 이집트, 정신은 그리스인 '그리스계 주민'
알렉산드로스 대왕의 이집트 정복 이후 유입된 그리스인의 후손. 약 300년 동안 군대와 관직, 상권을 장악한 최상위 엘리트 계층이었다. 고급 리넨 옷을 걸치고 우월감을 드러내던 이들은 토착 주민들에게 '박힌 돌 빼낸 얄미운 굴러온 돌'처럼 보였을 것이다.
3세대를 거치며 이집트 문화를 일부 받아들였지만 공동체 내부에서는 끝까지 그리스어와 그리스 철학을 고집했다. 마을마다 세워진 짐나시온(19쪽 참고) 역시 그리스계 시민과 상층 청년들을 위한 폐쇄적 교육·사교 공간에 가까웠다.

곡창지대에서 곡물을 생산하며 살아가던 전형적인 농경 사회였습니다. 당시 나일강은 이집트 전역에 물자를 공급하는 '1번 국도'이자 거대한 물류 센터였죠. 육로보다 해로가 훨씬 빨랐던 시대였기에 돛단배를 이용해 생산된 곡물과 무거운 석재를 효과적으로 실어 나를 수 있었습니다. 고양이는 곡물 창고를 지키며 쥐와 뱀을 잡는 훌륭한 사냥꾼으로서 농경 사회 유지에 실질적인 도움을 주어 큰 환영을 받았죠. 또한 야행성 동물로 밤에도 활동하며 주변을 감시할 수 있었기에 자연스럽게 이집트인들과 공존하게 되었습니다.

동물의 가축화 시기

구분	가축화 시기	장소
개	약 15,000~30,000년 전	유라시아 전역
소	약 10,000년 전	중동(비옥한 초승달 지대)
닭	약 8,000년 전	동남아시아, 중국
말	약 5,500~6,000년 전	유라시아 초원(카자흐스탄 등)
고양이	약 4,000~9,500년 전	중동(리비아 들고양이 계통)

바스테트Bastet는 고대 이집트에서 고양이 머리에 여성의 몸 형상으로 숭배된 보호의 여신입니다. 출산과 가정, 음악, 기쁨 그리고 보호를 관장하는 존재로 여겨졌습니다. 본래 사자 형상을 한 '파괴의 신'이었으나 점차 고양이처럼 온화하고 모성적인 성격을 지닌 신으로 변화했죠.

바스테트는 단순한 숭배의 대상이 아니라 가정의 안녕과 삶의 안정을 상징하는 존재였습니다. 이집트인들은 신전 안에서는 바스테트가 고양이

본격적인 로마 간섭기
여기서 '외국'이란 로마를 가리킨다. 프톨레마이오스 왕조 말기, 클레오파트라 시대의 이집트는 이미 로마의 영향력에 깊숙이 잠식된 상태였다.

리넨과 계급
이집트에서 의복의 핵심 기준은 '얼마나 얇고 고운 리넨을 썼는가'였다. 값싼 옷은 두껍고 거칠었지만 상류층의 리넨은 실처럼 얇아 빛이 통과할 정도였다. 아이러니하게도 옷이 얇을수록 오히려 더 값비싼 사치품으로 여겨졌다.

이집트의 여성 문화
이집트 여성은 남성 보호자 없이도 자신의 이름으로 계약을 맺고 재산을 소유할 수 있었다. 토지 거래와 상속, 법정 증언에서도 비교적 독립적인 권리를 누렸다. 파피루스 문서에는 이혼 시 지참금 반환과 재산 분할 조건까지 적혀 있을 만큼 여성의 경제적 권리가 제도적으로 보장됐다. 아내가 먼저 이혼을 요구하거나 재혼하는 것도 금기시되지는 않았다. 이는 동시대 다른 문명권에서는 드문 권리였다. 그러나 이집트 멸망 직전(프톨레마이오스 후기~로마 초기)에 그리스·로마법이 유입되자 이 전통은 점차 흔들렸고 여성의 독립적 지위도 제한되기 시작했다. 반면 상류층에서는 로마식 취향이 확산되어 일부 여성들 사이에서는 신체가 비치는 이집트 전통복 '칼라시리스'kalasiris 보다 몸을 가리고 절제하는 로마 기혼 여성의 의복 '스톨라'stola가 세련된 멋으로 받아들여지기도 했다.

신전의 고양이

이집트인들에게 고양이 미라는 여신과 가장 확실하게 소통할 수 있는 유료 서비스에 가까웠다. 신도들은 소원이 생기면 신전에서 기른 고양이를 봉헌용으로 사서 미라로 바쳤다. 바스테트 신전은 이에 맞춰 대규모 고양이 사육과 미라 제작 체계를 운영했다. 이런 봉헌 구즈는 신전의 핵심 수익원 중 하나였다. 당시 사람들은 고양이를 영생의 세계로 보내 여신 곁에 머물게 하는 것이 인간과 신을 잇는 신성한 통로라고 믿었다.

하하… 가정 문제란 참 어렵네요.

바스테트 신전

고양이 여신 바스테트는 가정과 출산, 여성의 삶을 수호하는 존재였다. 그녀의 신전은 병을 치료하고 인간관계와 집안 문제를 상담하는 '가정 상담소' 기능을 했다. 이집트인들은 가족 갈등이나 자녀 문제를 겪을 때 이곳을 찾아가 고민을 털어놓고 기도를 올리곤 했다. 오늘날의 종교 시설과 병원, 가정 상담소가 결합된 복합 공간에 가까웠다.

비치는 것이 곧 품격

여신관이 입은 얇고 몸의 곡선이 비치는 흰 드레스는 '칼라시리스'라 불린다. 나일강의 덥고 습한 기후에 맞춰 통기성과 흡습성이 뛰어난 최상급 린넨(아마포)으로 만들었으며, 후대에 '직조된 공기'라고 비유될 만큼 얇고 정교하게 짰였다. 이는 노출이 아니라 값비싼 직물과 깨끗한 몸 관리 능력을 과시하는 신분 표현이기도 했다. 즉, 이집트 상류층에게는 몸을 가리는 것보다 관리된 신체를 드러내는 것이 세련된 아름다움이자 당당한 권위의 표현이었다.

시스트룸 sistrum

이 악기는 이집트 종교의식에서 빠질 수 없는 가장 성스러운 제의 도구였다. 금속 막대가 달린 틀을 흔들어 소리를 내는 방식으로, 바스테트나 하토르 같은 여신을 섬기는 제의에서 주로 사용됐다. 악귀를 쫓고 여신의 기분을 돋우는 신성한 도구에 가까웠으며, 특히 여성 제사장이나 여신관의 상징물로 자주 묘사된다.

맥주

고대 이집트에서 맥주는 술이 아니라 영양가 높은 '액체 빵'에 가까웠다. 당시 맥주는 오늘날처럼 맑은 액체가 아니라 곡물 찌꺼기가 많이 남아 있어서 전용 빨대를 필터처럼 사용해 내용물을 걸러 마셨다. 노동자들에게는 배급품이자 임금의 일부로 지급됐다. 기원전 12세기 데이르엘 메디나의 왕묘 건설 노동자들은 곡물과 맥주 배급이 지연되자 작업을 중단하고 항의했는데, 이는 인류 역사상 가장 오래된 파업 기록으로 알려져 있다.

요즘 젊은이들은 버릇이 없다

기원전 1700년경 수메르 점토판과 이집트 파피루스에서도 "요즘 젊은이들은 부모를 공경하지 않고 공부도 안 한다"라는 기록이 수두룩하게 등장한다. 결국 세대 갈등은 현대 사회만의 문제가 아니라 기록이 존재하는 한 인류 사회에서 끊임없이 되풀이되어 온 보편적 주제였다.

글을 아는 것이 곧 권력
문자를 읽고 쓰는 능력은 오늘날의 검사, 회계사, 고위 공무원에 비견될 엘리트 특권에 가까웠다. 상형문자는 '신의 언어', 데모틱은 일상 행정과 계약을 처리하는 '비즈니스 언어', 그리스어는 '지배층의 언어'였다. 실제로 서기관 교육용 문헌 《케미트》Kemit에도 "서기관이 되면 피라미드 돌을 나르거나 군대에 안 가도 되니 공부하라."라는 메시지가 반복해서 등장한다. 낙서나 휘갈기고 있는 이 인물들도 당시 기준으로는 상위 1퍼센트 미만의 화이트칼라 계층이었다.

대체 저걸 어떻게 지었냐?
이집트 역사는 기원전(BC)이 기원후(AD)보다 훨씬 길다. 그림 속 인물들이 살던 기원전 1세기 전후 무렵에도 피라미드는 이미 건설된 지 2,500년이 넘는 초고대 유산이었다.

의 모습으로 인간을 지켜본다고 믿었고, 신전 밖에서는 고양이를 살아 있는 바스테트로 받아들였습니다. 이러한 이유로 이집트인들이 집 안에서 고양이를 키우는 일은 여신을 모시는 행위와 다르지 않았습니다. 신앙을 실천하는 행위였고 고양이를 해치는 일은 신성을 모독하는 행위로 여겼습니다. 이처럼 고대 이집트인들의 고양이에 대한 사랑은 오늘날의 집사 문화를 뛰어넘는 종교적 신앙에 가까웠죠.

이러한 신념은 전쟁의 승패마저 뒤바꿨다는 전설로도 전해집니다. 기원전 525년 페르시아의 캄비세스 2세가 이끄는 군대가 이집트의 페루시움 전투에서 이집트인들이 고양이를 신성하게 여긴다는 점을 역이용했다는 이야기입니다. 전설에 따르면 페르시아군은 고양이 형상이 새겨진 방패를 사용하거나 실제로 고양이를 전열 앞에 풀어놓았다고 합니다.

이집트 병사들은 고양이를 해칠까 봐 두려워 활을 제대로 쏘지 못했고 결국 전투에서 크게 패배했다는 이야기죠. 이 일화는 2세기경 마케도니아 출신 작가 폴리아이누스_{Polyaenus}의 저서 《전쟁전략》_{Strategemata}에 등장하는 것으로 역사적 사실 여부는 명확하지 않지만 이집트인들의 고양이 숭배가 얼마나 강력했는지를 상징적으로 보여 주는 사례로 자주 인용됩니다.

사후세계까지 이어진 인간과 고양이의 관계

고대 이집트인들에게 고양이는 사후세계에서도 인간과 함께하는 동반자이자 보호자, 영적 안내자로 여겨졌습니다. 이러한 믿음은 실제 고고학 발굴을 통해서도 확인되죠. 대표적인 사례가 인간의 미라 곁에 고양이 미라가 함께 매장된 유물들입니다. 이는 고양이가 생전에 함께했던 반려자

도편

바닥에 흩어진 깨진 도자기 조각은 '오스트라카'ostraca라고 불리는 필기 재료다. 값비싼 파피루스를 아껴 쓰기 위해 일상적인 기록이나 연습, 편지, 낙서 등은 이런 도자기 파편이나 석회석 조각에 적는 경우가 많았다. 오늘날에 비유하면 종이 대신 쓰는 메모지나 낙서장에 가까운 물건이다.

범람과 바람이 만든 문명의 동맥

이집트 문명은 나일강의 선물이었다. 강물은 남쪽에서 북쪽으로 흐르며 배를 실어 날랐고, 반대로 남쪽으로 올라갈 때는 지중해에서 불어오는 북풍을 이용해 돛을 올리면 됐다. 나일강은 왕복이 가능한 천연 고속도로였던 셈이다.

여름이면 나일강이 범람하면서 상류의 영양분이 풍부한 검은 비옥토 '실트'silt를 실어 날랐다. 이집트인은 관개 수로로 물을 가두어 농경지에 퍼뜨리며 가뭄에 대비했고, 이 검은 땅(케메트kemet) 덕분에 척박한 사막 한가운데서도 풍요로운 농업이 가능했다.

바스테트와 토트를 기리는 노래

바스테트는 가정과 보호를 상징하는 여신이고 토트는 문자, 지식, 기록을 관장하는 신이다. 두 신을 함께 기리는 노래는 종교 찬가를 넘어 '가정을 지키는 삶'과 '글을 통해 세상을 기록하는 삶'을 동시에 찬양하는 의미를 지닌다. 특히 서기관 가정에서는 토트에 대한 신앙이 곧 직업적 정체성과도 연결되었기에 이런 노래는 곧 자신의 가족과 삶의 방식 자체를 기리는 행위에 가까웠다. 즉, 아들이 아빠에게 보내는 최고의 화해 신호로 해석할 수 있다.

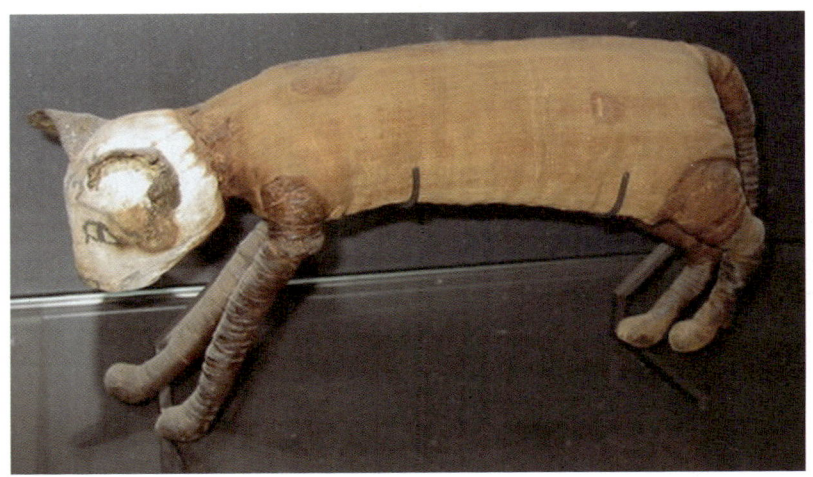

▲ **고양이 미라** | 19세기 영국의 이집트 유물 수집 광풍으로 수많은 고양이 미라가 발견되었다.

로서 죽음 이후의 여정까지 함께하기를 바라는 믿음이 장례 관습에 반영된 것으로 해석됩니다.

헤로도토스의 기록에 따르면 고양이가 죽으면 가족들이 눈썹을 밀며 애도했다고도 전해집니다. 일부 무덤에서는 고양이용 우유 그릇이 함께 발견되기도 했죠.

하지만 이 아름다운 동반자 개념의 이면에는 다소 충격적인 진실도 존재합니다. 현대 과학기술을 활용한 CT와 엑스레이 분석에 따르면 많은 고양이 미라에서 목이 꺾이거나 익사한 흔적이 발견되었습니다. 일부 고양이 미라에서는 사망 시점과 인위적 죽음을 보여 주는 물리적 흔적이 뚜렷하게 확인되기도 했습니다. 이는 고양이들이 자연사한 것이 아니라 의도적으로 희생되었다는 의미죠.

고고학계에서는 고양이의 목을 꺾거나 물에 빠뜨려 익사시키는 방식은 단순한 살해가 아닌 '평온한 잠'에 이르게 하는 의례로 받아들여졌을 가능성이 있다는 견해도 제기됩니다. 오늘날의 시각에서는 다소 잔혹하게 느껴질 수 있지만 당시 이집트인들의 세계관에서는 신성한 존재를 신에게 공경의 뜻으로 돌려보내는 경건한 행위로 이해되었을 것이라는 해석도 있죠.

이집트인들이 마지막 숨을 내쉴 때 곁에 있던 고양이 역시 함께 길을 떠났습니다. 무덤 안에는 작은 우유 그릇 하나가 고양이 미라와 함께 놓여 있었죠. 이승에서처럼 저세상에서도 고양이가 굶지 않기를 바라는 마음이었을 겁니다. 부유한 자는 무덤에 금으로 만든 고양이 상을 함께 묻었고 가난한 자는 마른 고양이 미라를 손에 쥔 채 눈을 감았습니다. 고양이는 고요한 숨결처럼 떠난 이의 곁에 마지막까지 머뭅니다. 말없이 곁을 지키며 어쩌면 신보다 더 가까운 존재로.

시대별 문화권별 고양이의 의미

구분	의미
대항해시대	배 안의 식량과 화물을 갉아 먹는 쥐를 잡는 실용적 사역 동물로 여겨졌다.
중세 이슬람 문화권	예배 공간의 청결을 중시해 동물의 출입을 금했으나 고양이는 깨끗한 동물로 간주되어 사원 안을 비교적 자유롭게 드나들었다.
일본 에도시대	마네키네코招き猫의 탄생. 고양이가 손을 흔들듯 앉은 모습은 복을 부른다는 믿음으로 발전했다. 상점, 찻집, 음식점에서 행운의 부적으로 자리 잡았다.

비너스상은 걸작,
내 알몸은 음란물?

: 예술과 외설의 경계, 노출의 역사

배경 연도

기원전 4세기 고대 그리스~19세기 유럽

수천년 동안 인간의 몸을
바라보는 시선은
어떻게 변해 왔을까요?

이상하지 않습니까? 인스타그램에 완전히 벗은 몸을 올리면 계정이 정지될 수 있습니다. 그런데 루브르 박물관에는 나체 조각상이 수백 년째 위풍당당하게 서 있죠. 아무도 조각상을 음란물이라고 생각하지 않습니다. 오히려 예술이라고 부르죠. 똑같이 벗은 몸인데 어떤 것은 삭제되고 어떤 것은 국보가 됩니다.

포즈가 문제일까요? 만약 제가 고대 그리스 조각상과 똑같은 자세로 사진을 찍어 인터넷에 자랑스럽게 올린다면? 예술은커녕 신고를 당해 계정이 영구 정지될 겁니다. 비너스가 벗으면 인류의 유산, 제가 벗으면 중범죄. 이 차이는 과연 어디에서 온 것일까요?

조각상 속에 숨겨진 문명의 메시지

시간을 2,500년 전으로 돌려 보겠습니다. 이곳은 고대 그리스. 당시 벗은 몸은 부끄러움의 대상이 아니었습니다. 오히려 그 반대였죠. 신은 완벽한 몸을 가졌고, 영웅은 균형 잡힌 근육을 가졌으며, 시민은 자신의 육체를 단련하는 것을 자랑스럽게 여겼습니다. 올림픽 경기장에서는 선수들이 벌거벗은 채로 경쟁했죠.

이상하게 들리겠지만 그들에게는 나체 생활이 자연스러웠습니다. 왜냐하면 그리스시대에 몸은 단순한 육체가 아니라 질서와 비례, 이상의 증거였기 때문입니다. 벌거벗는다는 것은 천박함이 아니라 오히려 신성에 가까워지는 행위였으니까요. 이러한 인식은 조각상에서도 분명하게 드러납니다. 가슴도 성기도 근육도 굳이 감추지 않습니다. 오늘날의 기준으로 보면 '이걸 애들이 봐도 되나' 싶은 수준이죠.

그리스인들이 노출을 통해 보여 주려던 것은 무엇이었을까요? 시각적 자극이 아니라 '완전함'입니다. 그리스 조각상의 남성 누드는 이상적인 비례와 균형 잡힌 근육, 근엄하게 통제된 표정으로 당당하게 서 있습니다. 그 모습은 마치 이렇게 말하는 듯합니다.

"나는 짐승이 아니며 이성을 가진 시민이다!"

흥미롭게도 많은 조각상에서 남성 성기는 크게 표현하지 않았습니다. 오히려 작게 표현된 경우가 많은데, 이는 과도함이 야만의 상징이었기 때문이죠. 이런 맥락에서 보면 나체란 성적 흥분의 도구가 아니라 '문명인으로서의 선언'에 가까웠다고 볼 수 있습니다.

그렇다면 여성의 누드는 어땠을까요? 여성 조각상 역시 마찬가지입니다. 사랑과 아름다움의 신 비너스(아프로디테) 조각상의 나체는 욕망의 대상이 아닌 신성의 구현이었죠. 물론 관능성이 없다고 말할 수는 없습니다. 하지만 고대 그리스인들은 인간이 느끼는 욕망 자체를 죄로 보지 않았기 때문에 굳이 숨기지 않았습니다.

▲ 다비드, 미켈란젤로, 1501~1504년 | 이탈리아 르네상스를 상징하는 거대한 대리석 조각상. 높이가 5.17미터에 달하는 압도적인 크기와 완벽한 신체 비율이 돋보이는 작품이다.

▲ 도리포로스, 폴리클레이토스, ?~420년 | 완벽한 비례미의 대표작으로 꼽힌다. 이 조각상은 그리스 작품이 아니라 후대 로마에서 제작된 복제품이다. 원래 작품은 그리스의 청동 조각이었지만 유실되어 오늘날 거의 남아 있지 않다. 로마인들은 그리스 문화를 동경한 나머지 그리스의 유명한 조각상을 대리석으로 대량 복제해 집 정원이나 공공장소에 장식했다고 알려진다.

시계를 조금만 앞으로 돌려 보겠습니다. 무대는 로마시대입니다. 로마는 그리스의 미학을 적극적으로 수용했지만 해석하는 면에서 훨씬 현실적이었습니다. 황제는 신에 가까운 존재로 이상화되었고 원로원 의원은 주름과 흉터까지 숨기지 않은 채 사실적으로 묘사했죠. 인물의 신분에 따라 이상과 현실을 구분해서 표현한 셈입니다. 이 지점에서 나체는 특정한 의미를 띠기 시작합니다.

　　"나는 신적인 존재다!"
　　"나는 이상적인 통치자다!"

　　바로 정치적 메시지를 담게 된 것입니다. 고대 로마의 조각상은 머리, 팔, 다리가 없는 경우가 많습니다. 이는 부주의로 인한 훼손이 아니라 효율적인 제작 방식과 권력 변화에 대응하기 위해 계획된 시스템적 이유였습니다. 로마 조각상은 대부분 머리와 몸통을 분리해 제작했는데, 권력자가 바뀌면 몸통은 그대로 두고 새로운 황제나 원로원 의원의 얼굴로 머리만 갈아 끼우기도 했죠. 물론 팔다리같이 돌출된 부위는 상대적으로 자연풍화나 파손되기 쉽기 때문에 시간이 지나면서 부러지거나 없어지는 경우도 많았습니다. 정리하면 고대 그리스가 '이상'을 조각했다면 로마는 그것을 실용적으로 '복제'해 권력과 정치적 수단으로 활용한 것이죠.

타락의 증거인가, 신의 걸작인가? 르네상스가 해방시킨 몸

　　이제 판을 한번 뒤집을 차례입니다. 시간이 흘러 로마가 멸망하고 유럽은 중세시대에 돌입합니다. 기독교 세계관에서 육체는 곧 '본능'과 '죄'로 연결됩니다. 아담과 이브가 선악과를 먹은 뒤 가장 먼저 한 행동은 무엇이었을까요? 바로 몸을 가리는 것이었습니다.

　　그렇다면 나체는 완전히 사라졌을까요? 아닙니다. 흥미롭게도 중세 미술에도 나체 피사체가 등장하죠. 〈최후의 심판〉 속 지옥으로 추락하는 인

▲ 토가Toga라고 불리는 고대 로마의 전통 의상을 입은 남성 조각상. 로마인들은 머리만 없는 몸체에 머리는 레고 조립하듯 갈아 끼웠다.

▲ 에덴동산에서의 추방Expulsion from the Garden of Eden, 마사치오, 1424~1425년 | 초기 르네상스 작품으로 선악과를 먹은 아담과 이브가 에덴동산에서 추방되는 장면이다.

간들과 고통받는 죄인들, 에덴동산의 아담과 이브, 예수의 수난까지. 이 처럼 고대의 나체가 이상적인 '완전함'을 보여 줬다면 중세에는 벌거벗은 모습이 타락의 증거이자 '죄와 수치스러움'의 상징이 되었습니다. 같은 몸 이지만 의미는 완전히 정반대로 뒤집힌 거죠.

다시 반전이 일어납니다. 중세가 각을 내리고 르네상스 시대로 넘어가 면서 사람들의 인식에도 변화가 생긴 것입니다.

"정말 인간이 그토록 더러운 존재일까?"

하늘을 향하던 사람들의 시선이 땅으로 내려오고 정확히는 인간에게로 향하게 됩니다.

"인간의 몸은 신이 만든 걸작이다!"

바로 르네상스의 핵심 사상인 인간중심사상Humanism이 탄생합니다. 르 네상스에서는 인간을 단순히 신의 피조물로 보는 시선을 넘어 스스로 완 전성과 가능성을 지닌 존재로 바라보았습니다. 그 결과 몸을 그리는 행위 는 타락이 아니라 찬미의 대상으로 변했죠. 나체가 다시 예술의 품으로 돌아오는 순간이었습니다. 그리고 이때부터 '고증', 즉 관찰과 재현이라는 새로운 접근이 시작됩니다.

르네상스 예술가들은 인체를 '보기 좋게'만 그리지 않았습니다. 그들은 실제로 인체 구조를 이해하려고 했습니다. 근육이 어디에서 시작해서 어 디에 붙는지, 관절은 어떻게 움직이는지, 피부 아래 조직과 뼈대는 어떻

▲ **최후의 심판**The Last Judgement, **미켈란젤로 부오나로티, 1536~1541년** | 브리치 화가(모자이크 담당) 다니엘레 다 볼테라가 인문들의 주요 부위에 검열용 바지를 덧칠했다.

게 구성되어 있는지 탐구했습니다. 이를 위해 해부학적 연구가 예술에 본격적으로 도입되었고 예술가들은 그림과 조각으로 인체를 완벽하게 재현하려 했습니다.

르네상스 거장 미켈란젤로는 1508~1512년 바티칸 시스티나 성당 천장을 프레스코화로 가득 채웠습니다. 그 안에는 숨 막히게 생생한 나체

르네상스 시대 이탈리아의 병원은 교회가 운영하는 종교 시설이자 자선 구호 기관의 성격이 강했다. 수녀와 봉사 자매들이 환자를 돌보고 식사를 제공하며, 죽음을 앞둔 사람들의 마지막 순간을 지키는 핵심 인력으로 활동했다.

레오나르도 다빈치는 인체를 정확히 이해하기 위해 시체를 해부했다(일생에 30구 정도를 연구했다고 전해진다). 인간의 팔이 어떻게 움직이는지, 입꼬리가 왜 올라가는지, 노인의 얼굴이 처지는 이유는 무엇인지 세밀하게 기록했다. 다른 화가들이 피부 위의 인간을 그리는 데 머물렀다면, 다빈치는 가죽을 벗긴 인체의 내부 구조까지 그리려고 했다.

다빈치가 시체를 원활히 수급할 수 있었던 데는 돈보다 '빽'의 힘이 크게 작용했다. 당대의 유력 정치인들의 후원을 받았기 때문에 일반인들은 접근하기 어려운 권한을 얻을 수 있었다. 그러나 말년에는 로마에서 부도덕한 해부를 한다는 모함을 받아 해부 금지 조치를 당하기도 했다.

특히 사람 몸의 근육, 힘줄, 뼈, 장기 구조를 집요할 만큼 세밀하게 관찰하고 그렸으며 심장의 구조와 태아의 자세까지 정교하게 스케치했다.

시간이 흐르면서 다빈치의 관심은 미술을 넘어 순수 과학으로 확장되었다. 100세가 넘도록 장수하다가 평온하게 생을 마친 노인의 시신을 해부한 경험이 있었는데, 이때 노화로 인해 혈관이 뒤틀리고 좁아지는 '동맥경화' 현상을 인류 최초로 발견했다는 일화가 전해진다.

인물들, 선명한 근육질의 성인, 완전히 벗은 영혼들이 묘사되어 있었죠. 그로부터 20여 년이 흐른 1536~1541년, 자신이 천장화를 그렸던 시스티나 성당으로 돌아와 정면 제단 벽을 장식하며 다시 한번 인간의 육체와 영혼을 극적으로 펼쳐 보였습니다. 바로 〈최후의 심판〉입니다.

르네상스가 인간의 몸을 예술적으로 완전히 해방시킨 것처럼 보이지만 실상 완전한 자유가 허용된 것은 아니었습니다. 교회가 가만히 있지 않았거든요. 교회는 성스러운 공간에서 과감하게 드러난 나체에 즉시 제재를 가합니다. 인간의 육체를 신성 모독으로 여긴 것이었죠.

1564년 미켈란젤로가 세상을 떠난 뒤 다니엘레 다 볼테라_{Daniele da Volterra}라는 화가가 등장합니다. 그의 별명은 '브리치 화가(바지 화가)'였는데 주요 임무는 단순하면서 기가 막혔습니다. 미켈란젤로의 작품에 등장하는 나체 인물들에게 옷을 입히는 것. 말하자면 16세기 버전의 '모자이크 담당자'였던 셈이죠. 오늘날의 관점으로 보면 세계적인 명작에 '청소년 보호 필터'를 씌운 것과 다름없었습니다.

나체는 언제부터 외설이 되었을까?

역사적으로 가장 강한 검열이 등장한 시점은 근대입니다. 19세기 영국 빅토리아 시대에 접어들면서 박물관의 고대 조각상에 무화과 잎이 붙기 시작합니다. 남성의 성기는 대리석으로 따로 제작해 끼워 넣기도 했죠.

도대체 왜 이렇게 보수적으로 변했을까요? 산업혁명과 함께 가정 중심의 도덕 질서가 강화되었기 때문입니다. 산업혁명으로 도시의 인구가 급증하고 노동계급이 확대되면서 신문, 잡지, 삽화와 대중문화가 폭발하고 정보가 대량으로 유통되기 시작합니다. 예전에는 귀족이나 교회 내부에서만 접할 수 있었던 예술적 누드가 이제 대중에게도 노출된 것이죠. 그리고 사회는 불안해집니다.

"누드를 모두가 봐도 되는가?"

이때 등장한 것이 '공중도덕'public morality이라는 개념입니다. 1857년 영국에서 세계 최초로 '외설 출판물법'Obscene Publications Act이 제정됩니다. 이전 시대까지 나체는 예술로 간주되었지만 19세기 공공장소에서는 '교육적으로 부적절하다'는 판단을 받게 된 것이죠.

검열이 강화된 또 다른 결정적 이유는 기술의 발전, 즉 카메라의 등장이었습니다. 카메라 렌즈는 회화나 조각과 달리 어떠한 해석도 없이 현실 그대로의 모습을 적나라하게 보여 주니까요. 그리고 인쇄물로 대량 복제할 수 있다는 점에서 기존의 예술과 달랐습니다.

결과적으로 공중도덕은 강화되었지만 음지 시장은 더 활성화되는 역설적인 상황이 발생했죠. 누드 사진, 음란 삽화(춘화), 밀수된 에로틱 판화가 사회 저변으로 범람하면서 사회는 공포를 느낍니다.

"이제 나체는 누구나 볼 수 있는 것"

이 시점부터 현실의 몸은 관리와 통제의 대상으로 변모합니다. 오늘날 우리가 외설이라고 느끼는 감각의 상당 부분은 바로 이 시대에 체계화됩니다. 공공장소에서의 노출이 도덕적 위반으로 처벌받으면서 몸의 노출은 사적인 영역으로 밀려났죠. 그리고 20세기에는 법률과 검열 제도로 굳어집니다.

그러나 여기서 끝이 아닙니다. 몸을 가린다고 욕망이 사라지는 것은 아니었으니까요. 오히려 제도가 나체를 금지할수록 대중은 그것에 더 집착하기 시작합니다. 검열은 단순히 몸을 가리는 수준을 넘어 몸을 '팔 수 있는 상품'으로 분류하기 시작하죠. 이제 나체는 금기의 문제가 아니라 '누구에게, 얼마나 비싸게 팔 것인가'의 문제가 됩니다.

할리우드 영화와 잡지 산업은 누드를 '성인용'이라는 등급 안에 가두고 허가된 구역에서만 유통했습니다. 표면적으로는 보호와 규제를 내세웠지만 그 안에서는 훨씬 더 정교한 시장이 형성되었습니다. 포르노그래피와 각종 성인물 산업 역시 바로 이 틈에서 급속히 성장합니다. 검열은 욕망을 없애지 못했고 오히려 더 비밀스럽고 더 돈이 되는 시장으로 밀어 넣었을 뿐이었죠.

무엇을 보여줄 수 있는지, 어디까지 허용되는지, 그리고 그것이 얼마나 팔리는지까지. 그렇게 몸은 숨겨야 할 대상이면서도 동시에 가격표가 붙은 상품이 되었습니다. 결국 핵심은 노출 자체가 아니었습니다. 누가, 어떤 방식으로, 그것을 팔 수 있느냐였죠.

여기서 중요한 사실은 외설이라는 개념 자체가 자연스럽게 생긴 것이 아니라 사회와 권력의 산물이라는 점입니다. 우리 몸은 수천 년 동안 변하지 않았습니다. 변한 것은 몸을 바라보는 시선과 그것을 통제하는 권력이죠. 고대에는 신전과 종교가, 중세에는 교회가, 근대에는 도덕과 법이 사회 기준을 만들었습니다.

그리고 오늘날 그 기준을 정하는 주체는 온라인 플랫폼으로 이동했습니다. 무엇이 허용되고 무엇이 삭제되는지, 무엇이 예술이고 무엇이 외설

인지를 이제는 알고리즘과 가이드라인이 판정을 내립니다. 저 역시 유튜브에서 노란 딱지와 싸우며 그 현실을 몸소 체감하고 있습니다. 결국 검열은 사라진 것이 아니라 더 빠르고 더 자동화된 형태로 살아남은 셈입니다.

로마판 AI가 낳은
풍요의 함정

: 노예제에서 시작된 최초의 생산성 혁명

배경 연도

1~3세기 제정기

챗GPT 같은 유능한 도구가
일을 대신해 준다면
과연 우리는 더 행복해질까요?

要즘 들어 자신이 갑자기 유능해진 것 같은 느낌을 받아 본 적이 있지 않나요? 예전에는 온종일 시간이 걸리던 일이 이제는 단 몇 분이면 끝나고, 글을 쓰고, 계획을 짜고, 정리까지 척척 해냅니다. 마치 누군가 옆에서 대신 일해 주는 것처럼 말이죠. 바로 인공지능, AI에 관한 이야기입니다.

역사적으로 보면 인간이 이런 착각을 느끼는 순간은 이번이 처음은 아니죠. 지금으로부터 2,000년 전 고대 로마에서도 비슷한 일이 벌어졌습니다. 어느 순간부터 로마의 시민들은 직접 땀 흘려 일하지 않아도 이전보다 훨씬 많은 생산을 할 수 있게 됩니다. 놀랍게도 기술 혁신 때문이 아니었습니다.

로마 지배층의 잔혹한 평화 유지법

혹시 '말하는 도구'라는 표현을 들어 본 적 있나요? 로마시대에도 말을 걸면 대답을 하고, 명령을 내리면 작업을 수행하는 도구가 있었습니다. 당연히 AI를 말하는 것이 아닙니다. 이는 노예를 가리키는 표현이었죠.

고대 로마의 학자 바로Varro는 《농업론》에서 농장을 운영하는 데 필요한 요소를 세 가지로 구분했습니다. 말하지 못하는 도구, 반쯤 말하는 도구, 말하는 도구. 로마 사회에 말하는 도구, 즉 노예가 대량으로 투입되자 생산성은 비약적으로 증가합니다. 그 여파로 도시에는 생계를 위해 직접 노동하지 않아도 되는 시민이 늘어났죠. 하지만 이 변화가 시민에게 새로운 일자리 기회로 이어지지 않았습니다. 시민의 노동에는 많은 비용이 들지만 노예의 노동은 초기 비용과 유지비를 제외하면 거의 공짜에 가까웠기 때문입니다.

《농업론》에서 언급된 농장 운영에 필요한 세 가지 요소

종류	의미
말하지 못하는 도구	쟁기, 괭이, 삽, 수레 → 우리가 생각하는 도구.
반쯤 말하는 도구	소, 말, 노새 같은 가축 → 소리는 내지만 명령을 이해하지 못함.
말하는 도구	노예 → 말을 이해하고 명령을 수행하며 상황에 맞게 판단함.

그렇다면 로마의 지배 계층은 이 상황에서 어떤 선택을 할 수 있었을까요? 노동의 대부분을 노예가 담당하는 구조를 그대로 유지한다면 시민들의 불만은 점차 누적되고, 이러한 사회적 긴장은 결국 폭동이나 반란으로 이어질 가능성이 컸습니다. 그렇다고 시민들에게 다시 일자리를 마련해 주는 것은 곧 노예의 노동량을 줄이거나 시민을 고용하기 위해 지배 계층이 직접 비용을 부담해야 한다는 뜻이죠. 그러나 노예의 노동이 유지되는 한 시민의 노동은 가격 경쟁력을 갖기 어렵고 시민에게 일자리를 되돌려 주는 순간 생산 단가는 상승하고 이윤은 감소할 수밖에 없었습니다.

더 큰 문제는 정치적 위험이었습니다. 임금을 받는 시민은 곧 권리를 요구하는 집단으로 성장할 리스크가 있었죠. 이는 로마의 시민사회가 점

말하는 도구(노예)

로마 사회에서 노예는 법적으로 인격체가 아닌 재산으로 취급됐으며 '말하는 도구'라고 표현했다. 가정과 농장, 작업장에서는 가축이나 농기구 같이 필요에 따라 구매하고 교체하는 노동 수단으로 여겼다. 이 때문에 로마인에게 노예를 장만하는 일은 오늘날 세탁기나 냉장고 같은 가전제품을 들이는 것과 비슷하게 받아들여지기도 했다. 겉모습은 '인간의 몸'이었지만 사회의 시선은 '살아 있는 장비'에 머물러 있던 셈이다.

노예 표찰

로마의 노예 시장에서는 판매 대상에게 표찰(티툴루스titulus)을 달아 이름, 출신지, 나이, 건강 상태, 도망 전력 등의 정보를 표시하기도 했다. 예를 들어 이 노예의 이름은 에델AETHEL이고, 출신지는 브리타니아(현재의 영국), 상태는 건강함(사누스SANUS)으로 해석할 수 있다.

최고가격 칙령 Edict on Maximum Prices

301년 황제 디오클레티아누스는 인플레이션을 억제하기 위해 제국 전역에 적용되는 '최고가격 칙령'을 반포했다. 이 칙령은 노예도 거래 품목으로 규정했으며 16~40세 남성 노예는 3만 데나리우스, 여성 노예는 2만 5,000 데나리우스를 상한가로 정했다. 숙련 기술을 지닌 노예는 성별, 연령, 기술 수준에 따라 구매자와 판매자가 가격을 협상할 수 있었지만 그 가격은 기본 상한의 두 배를 넘을 수 없었다.

참고로 이 칙령이 반포된 301년은 이미 '빵과 서커스'(267쪽 참고)의 전성기가 한참 지난 시점으로 국가 경제의 붕괴를 막기 위해 물가를 강제로 억제하던 시기였다.

디오클레티아누스의 '최고가격 칙령'

(단위: 데나라우스Denarii)

구분	품목	단위	최고가
곡물·식료품	밀	1키로모디우스	100
	보리	1키로모디우스	60
	렌틸콩	1키로모디우스	100
	소금	1키로모디우스	100
	달걀	4개	4
육류·생식	돼지고기	1파운드	12
	소고기	1파운드	8
	햄(최상급)	1파운드	20
	바다 생선	1파운드	24
주류·기름	일반 포도주	1섹스타리우스	8
	팔레르모산 포도주	1섹스타리우스	30
	올리브유(최상급)	1섹스타리우스	40
의류·잡화	군용 망토	한 벌	4,000
	신발(순찰 대원용)	1켤레	120
	필기용 잉크	1파운드	12
임금(비교용)	농업 노동자(식사 제공 시)	1일	25
	석공, 목수(식사 제공 시)	1일	50
	초등 교사	학생 1인당/월	50

* 1키로모디우스k.modius. = 약 17.5리터
* 1파운드lb = 약 327그램
* 1섹스타리우스sextarius = 약 0.54리터

말하는 도구 가격표

구분(연령)	성별	기본 상한가	숙련 노예 상한가(최대 2배)
학습기(8~16세)	공통	20,000	40,000
청장년층(16~40세)	남성	30,000	60,000
	여성	25,000	50,000
중년층(40~60세)	남성	25,000	50,000
	여성	20,000	40,000
유아기(~8세), 노년층(60세~)	남성	15,000	30,000
	여성	10,000	20,000

차 조직화되고 발언권을 얻으면서 집단 행동의 씨앗이 될 잠재적 불안이 내포되어 있었다는 것을 의미합니다.

그렇다면 남은 선택지는 노예제를 축소하거나 완전히 해체하는 것이었습니다. 그러나 이는 로마 경제의 근간을 스스로 흔드는 결정이었죠. 오늘날로 비유하면 우리가 사용하고 있는 AI를 전면적으로 폐기하고 이메일, 메신저, 엑셀 사용을 모두 금지한 채 수기로 업무를 처리하자는 주장과 다르지 않았습니다. 그 어느 쪽도 지배 계층에게는 합리적인 선택이 아니었죠.

결국 로마는 '일을 만들어 주는 사회'가 아니라 '일이 없어도 유지되는 사회'를 선택합니다. 그리고 그 사회를 유지하기 위해 시민들에게 두 가지를 제공하기로 하죠. 바로 '빵과 서커스'Panem et Circenses 였습니다.

로마 지배 계층의 계산은 아주 단순했습니다. 굶주린 시민은 위험하지만 배부르고 즐길 거리가 충족된 시민은 조용하다는 판단이었죠. 여기서 말하는 빵과 서커스는 상징적인 표현이 아니라 실제 시행했던 복지 정책이었습니다. 실제로 로마 지배층은 시민들에게 무료로 곡물을 배급했습니다. 이는 시민들의 생활을 개선하는 것도, 부유하게 해주려는 목적도 아니었죠. 굶어 죽지 않으면서 폭동이 일어나지 않을 최소한의 생존선을 유지하려는 목적이었습니다. 서커스 역시 검투 경기(154쪽 참고)나 전차 경주 같은 대규모 오락을 국가가 직접 제공했습니다. 시민들은 경기장에서 소리를 지르며 열광하고 분노를 쏟아내고 감정을 소모했습니다.

이 방식은 시민을 억압하는 비용보다 훨씬 적은 비용으로 사회를 안정시키는 수단이었으며 시민이 정치에 적극적으로 참여하지 않아도 사회 체제가 돌아가는 구조를 만들어 냈습니다. 또한 이 구조는 노예제가 유지되는 한 놀라울 만큼 안정적으로 작동했습니다. 그러나 이러한 불안정한 제도가 영원히 유지될 수는 없었죠.

멈춰 버린 노예 엔진, 로마를 무너뜨린 '가성비'의 저주

노예제 도입은 로마를 풍요롭게 만들었지만 시간이 갈수록 로마 사회 내부에서 점차 균열이 나타나기 시작합니다. 가장 먼저 드러난 문제는 노예 공급이었죠. 로마의 노예제는 정복 전쟁을 전제로 작동하는 시스템이었기 때문입니다. 정복 전쟁이 계속되던 시기에는 전쟁 포로가 꾸준히 유입되었으나 로마가 더 이상 정복할 땅을 찾기 어려워지자 이 전제가 완전히 무너지게 됩니다. 전쟁이 줄어들면서 노예 유입이 감소하자 노예의 가격이 오르기 시작했습니다. 그동안 '거의 공짜'에 가깝던 노동력이 점차 비용이 드는 자원으로 바뀌었죠.

사실 노예제가 유지되기 위해서는 천문학적인 국가 재정과 강력한 군사력이 필요했습니다. 노예를 감시하고 반란을 억제하면서 질서를 유지해야 했기 때문입니다. 즉, 노예제란 값싸고 효율적인 노동 체계인 동시에 비싼 통치 비용을 전제로 유지되는 시스템이었죠.

문제는 여기서 끝나지 않았습니다. 노예제에 깊이 의존한 로마 사회는 시민의 노동 기반을 사실상 완전히 파괴해 버린 상태였습니다. 자영농은 이미 몰락했고, 숙련된 자유 노동자는 사라졌으며, 노예 없이 돌아갈 수 있는 대체 구조도 존재하지 않았습니다. 안타깝게도 당시 로마 사회는 시민들을 다시 일터로 돌려보낼 사회적·경제적 체력을 잃어버린 뒤였습니다.

한편 국경은 점점 길어지고, 방어 비용은 증가했으며, 군대 유지비 역시 감당하기 어려운 수준으로 치솟았습니다. 그동안 빵과 서커스로 관리해 오던 시민들마저 더 많은 지원을 요구하기 시작합니다. 이제 국가가 벌어들이는 것보다 지출이 더 많아진 상황이죠.

결과만 놓고 보면 노예제는 실패한 정책으로 보일 수 있지만 그 시대의 조건에서 로마는 가장 합리적인 선택을 계속해 온 사회였습니다. 노예의 노동은 효율적이었고 빵과 서커스는 시민들의 사회적 불만을 값싸게 잠재워 주는 장치였죠. 문제는 바로 그 지점에 있었습니다. 지나치게 잘 작동하는 시스템은 다른 선택지를 점차 사라지게 만듭니다. 노예가 일을 잘하자 시민의 일자리는 사라졌고, 즐길 거리가 넘치자 시민이 사회에 참여할 동기가 약해졌습니다.

이제 이 구조에서 노예를 오늘날의 AI로 바꿔 생각해 봅시다. 사람들이 흔히 두려워하는 건 영화 〈터미네이터〉와 같은 시나리오입니다. AI가 감정을 갖고 반란을 일으키는 장면이죠. 어쩌면 AI가 인간을 지배하지 않을까 하는 우려도 있습니다. 그러나 진짜 중요한 질문은 그게 아니죠. AI가 지나치게 유능해져서 인간의 노동이 필요 없어지는 시대가 도래할 때 우리 사회는 과연 어떤 모습으로 고착될까요?

제도

중세 기사는 장원을
어떻게 운영했을까?

: 자급자족하는 중세 자영업자의 삶

배경 연도

11세기 후기~13세기 중기 중세 유럽

영지를 운영하던 기사는
오늘날 시설과 인력을 관리하는
자영업자에 가까웠습니다.

이곳은 중세 유럽의 가상 국가 알바노르 왕국. 다섯 명의 병사가 줄지어 서 있고 그들 앞에는 한 남자가 말에 올라타 지휘하고 있습니다. 그의 이름은 로렌스 경. 알바노르 왕국에서 자신의 '봉토'를 보유한 기사죠.

영지, 장원, 봉토의 차이는 다음과 같습니다. 영지는 토지의 가장 큰 범주로 왕이 영주에게 하사한 땅으로 하나의 영지에 여러 장원이 포함되기도 합니다. 쉽게 말해 영지가 프랜차이즈 사업권이라면, 장원은 그 사업권을 운영하는 사업장과 같습니다(272쪽 장원의 구조 참고). 봉토는 영주가 충성과 군사적 의무를 조건으로 기사에게 지급한 땅을 말합니다.

전체 영지민은 150명이었고 로렌스 경이 한 번에 동원할 수 있는 병사는 최대 다섯 명이었습니다. "영지를 가진 기사가 겨우 다섯 명의 병사만 동원할 수 있다고?" 의아할 수도 있겠네요. 그도 그럴 것이 대중적으로 널리 알려진 중세 판타지 소설을 보면 기사단들이 수십만 명의 병사를 이끌고 끊임없이 전쟁을 벌이는 것이 일상처럼 그려지니까요.

하지만 이는 창작물 속의 허용에 가까운 이야기입니다. 실제 중세, 특히 전성기였던 11세기 후반부터 13세기 중반 유럽에서 다섯 명의 병사를 거느릴 수 있다는 것은 결코 작은 힘이 아니었다는 것이 중요합니다.

성(장원 저택) ●
전쟁용 요새라기보다 거주와 최소한의 방
어를 겸한 저택에 가까웠다. 언덕 위 입지
는 초기의 목조 요새(모트 앤 베일리Motte-
and-Bailey)의 전통을 보여 주며, 목조 상
층부와 석조 성벽의 결합은 13세기 서유
럽 장원 거점의 과도기적 성격을 드러낸
다. 성벽 위의 낮은 담장(성가퀴)은 왕의
허가가 있어야 설치할 수 있었고 특히 돌
로 지은 성벽은 막대한 인력과 비용이 필
요한 고가의 방어 시설이었다. 이 그림처
럼 목책이 아닌 석벽을 둘렀다는 건 상당
한 노동력이 투입되었다는 의미다.

삼림
숲은 단순히 나무를 베는 곳이 아니라 연
료와 건축 자재, 약초, 사냥감이 나오는
자원 창고였다. 문제는 삼림이 영주의 재
산이었다는 점이다. 농민은 나무 한 그루
를 베는 일조차 허락이 필요했으며 특히
사냥감은 지배자의 권위와 직결되는 자원
이었기에 무단 사냥은 매우 위험한 행위
였다.

강가
영지 안의 자연물인 숲, 강, 호수와 그곳
에서 얻는 물고기 같은 자원은 영주의 재
산으로 간주됐다. 어획, 운송, 제분 같은
핵심 생업 활동은 강을 중심으로 이루어
졌다.

민가
집은 장원 생산이 이루어지는 기본 단위
였다. 농민들은 밭을 경작하고 일부는 목
공, 대장, 방직 같은 수공업을 맡으며 장
원의 자급 체계를 유지했다. 장원 경제는
이러한 소규모 생산 단위들의 집합으로
운영됐고 농민들은 노동과 생활이 분리되
지 않았다.

교회

종교적·행정적 중심지였다. 세례, 결혼, 장례 등 삶의 주요 의례가 이곳에서 이루어졌다. 영주(또는 대영주)는 신부 추천권을 행사했으며 십일조를 징수하는 창고 역시 교회 소유였다. 형식상 교회는 신의 영역에 속했지만 현실에서는 땅은 영주가, 돈은 교회가 관리하는 독특한 운영 구조였다.

경작지와 휴경지(삼포제)

밭을 모두 경작하지 않고 일부를 비워두는 이유는 토지 회복을 위해서였다. 휴경지는 지력을 되살리기 위해 의도적으로 비워 두는 땅으로 중세 농민들은 경작지를 세 구획으로 나눠 한쪽에는 겨울 작물, 다른 쪽은 봄 작물을 심고 나머지는 휴경지로 두는 삼포제로 시행했다.

봉건 계층 구조

계층(공식 명칭)	주요 기능 및 의무	경제적 토대	비고
국왕 (렉스Rex)	봉토 수여, 봉신 관계 조정, 왕국 통치	직할령 수입, 조세, 봉신 지원	형식상 봉건 질서의 정점이지만 실제 권력은 유력 봉신들과의 계약 관계 및 지방 분권적 권력 구조에 의해 제약됨.
대귀족 (마그나테스 Magnates)	광대한 영지 통치, 군사 동원, 사법권 행사	봉토 수입, 지대, 재판 수수료	왕의 직속 봉신으로서 중앙 정치를 견제하며 광범위한 자치권을 누림.
하급귀족, 영주 (로드Lords 배런Barons)	지역 단위 영지 운영, 농민 통제, 군사 제공	농노 노동, 지대, 부역	봉건 질서를 실질적으로 유지하는 핵심 계층.
기사 (밀레스Miles)	군사 봉사, 전투 수행, 영주에 대한 충성	봉토 또는 급여	하급 귀족층의 한 축을 이루며, 봉건적 군사 복무를 조건으로 신분과 권리를 유지한 무장 계층.
성직자Clergy	종교 의례, 교육, 행정, 기록	십일조, 교회 토지 수입	국왕의 세속 권력을 견제하거나 초월하는 범유럽적 위계 질서를 이루었으며, 교육·행정·기록 체계를 장악한 특권 계층.
도시 시민 (부르거Burghers)	상공업, 길드 활동, 도시 자치	무역, 수공업 수익	장원제 밖 성곽 도시에 거주하며 자치권을 보유한 경제 세력.
자유민Freemen	자영 농업, 세금 납부	자작지 및 임차지 생산물	법적 자유 신분이나 영주의 시설 독점권 및 계약에 경제적으로 종속됨.
농노Serfs	영지 노동, 부역 수행, 이동 제한	제한적 경작권	토지에 예속되어 이동의 자유가 없으나 관습법적 경작권을 보호받음.

병사는 왜 다섯 명일까?

영지민의 수가 곧 군사력을 뜻하는 건 아니었습니다. 인구에는 노인과 어린이, 여성, 각종 비전투 인력까지 모두 포함되어 있기 때문이죠. 그래서 실제로 투입할 수 있는 인원은 그보다 훨씬 제한적이었습니다. 게다가 병사 한 명을 제대로 유지하려면 무기와 갑옷을 지급하고 훈련을 시키고 식량을 공급해야 했습니다. 군사 소집 기간 동안에는 생활비까지 모두 부담해야 했죠.

생각해 보면 징병제를 시행하는 현대 국가도 크게 다르지 않습니다. 한국만 해도 인구가 약 5,000만 명이지만 실제 현역 군인은 대략 45만 명 수준에 불과하니까요. 비율로 따지면 인구의 1퍼센트 남짓이죠. 즉, 어느 시대든 군사력은 인구 수가 아니라 군대를 유지할 수 있는 비용과 체계의 문제였습니다.

그래서 중세시대 많은 기사들은 토지를 거의 소유하지 못한 채 상위 영주나 왕에게 고용되어 군사 봉사를 제공하며 생계를 유지하기도 했습니다. 어떤 이들은 원정이나 전쟁에 참여할 때 일정한 현금을 급료로 받기도 했죠. 그런 점에서 로렌스 경은 확실히 독립적인 기반을 가진 인물이었습니다. 다섯 명의 병사를 안정적으로 유지할 수 있는 봉토를 보유했다는 것은 봉건 사회에서 상당한 영향력을 지닌 중간 계층 귀족으로 평가받기에 충분했습니다.

로렌스 경의 병사 다섯 명은 상비군이 아니었습니다. 평상시에는 농사를 짓거나 각자의 생업에 종사하다가 필요할 때만 무장을 갖추고 소집되는 구조였죠. 쉽게 말해 풀타임 직업군인보다는 파트타임 직원에 가까웠습니다. 이들은 토지를 경작하거나 영주의 보호를 받는 대가로 일정 기간 군사 봉사를 제공해야 하는 의무를 지고 있었습니다.

로렌스 경이 "야, 모여라!" 하고 소집 명령을 내리면 그때 무장하고 출근하는 시스템이었죠. 복무 기간은 보통 연간 40일 정도였는데 이는 기사에게 부과된 봉건적 군사 복무 기간에서 비롯된 기준이었습니다. 기사는 종자와 보병, 장원에서 동원된 자유민을 이끌고 출정했기 때문에 이들 역시 비슷한 기간 동안 복무하는 경우가 많았습니다. 또한 이 기간은 농업 사회의 현실과도 맞물려 있었습니다. 지나치게 오래 집을 비우면 농사를 망치고 결국 영주 역시 세금과 수확을 잃게 되기 때문입니다. 다만 40일은 어디까지나 기본 한도에 가까웠으며 그 이후 계속 복무시키려면 임금을 지급하거나 별도의 계약을 맺어야 했죠.

이들의 업무 역시 상당히 현실적인 성격을 띠었습니다. 경계 순찰, 분쟁 대응, 가끔 영지에 접근하는 도적 소탕 등이 주된 임무였습니다. 다섯 명이라는 숫자가 적어 보일 수 있으나 잘 무장된 병사 다섯 명이면 소규모 충돌이나 치안 유지에는 충분한 전력이었습니다.

영지 규모와 경제 구조

당시 봉토 기사가 보유한 영지의 규모는 지역, 토질, 생산력에 따라 크게 달랐습니다. 다만 다섯 명의 병사를 유지하고 가족과 하인을 부양하며 농업 생산을 지속하기 위해서는 상당한 토지가 필요했을 것입니다. 대략적으로 추산해 보면 경작 가능한 토지를 기준으로 약 500에이커 전후, 면적으로 환산하면 약 2제곱킬로미터 수준입니다. 참고로 여의도 면적이 대략 4.5제곱킬로미터라고 하니 로렌스 경의 영지 면적은 여의도의 절반 정도 되겠네요.

기사(로렌스 경)

군사적 전문성을 인정받은 기마 전사 계층이었다. 단순히 말을 타고 싸우는 전사가 아니라 영주나 왕에게 충성을 맹세하고 전쟁 시 무장 봉사를 수행하는 존재였다. 그러나 기사는 명예로운 신분만을 의미하지 않았다. 말과 갑옷, 무기, 수행원을 갖추는 데 막대한 비용이 들었고 전쟁이 나면 가장 먼저 출정해야 했다. 명예와 함께 높은 비용과 위험을 감당해야 했던 군사 엘리트였다.

영주

영주는 토지를 기반으로 권력을 행사하던 지배 계층이었다. 왕으로부터 봉토를 받아 이를 관리하며 하위 기사와 농민을 거느리고 지역을 통치했다. 토지 소유자이면서 영지 안에서 재판을 열고 질서를 유지하며 세금과 부역을 징수하는 등 행정 권한도 행사했다. 전쟁이 일어나면 영주는 자신이 거느린 기사와 병력을 이끌고 왕이나 상위 영주에게 봉사해야 했다. 영주는 하나의 지역을 운영하는 군사적·경제적 중심이자 봉건 질서를 떠받치는 핵심 축이었다.

부유한 평민

13세기 영국에는 기사에 버금가는 재산을 지닌 평민 지주들도 적지 않았다. 이들은 토지 수입을 바탕으로 지역 사회에서 영향력을 행사했지만 모두가 기사 작위를 원한 건 아니었다. 당시 연 20파운드, 이후에는 40파운드 수준의 토지 수입을 유지해야 기사로 인정됐다는 기록이 있는데, 이는 절대적인 자격선이라기보다 왕이 '이 정도 재산이 있다면 기사로 봉사해야 한다'는 압박을 가할 때 활용하던 기준에 가까웠다.

실제로는 '기사작위 강제수여 제도'Dis-traint of Knighthood 아래에서 이보다 적은 재산으로도 기사로 활동하는 사례도 있었다. 그러나 기사는 높은 비용과 군사적 의무가 따랐기 때문에 지주들은 벌금을 내고 평민에 머무는 선택을 하기도 했다. 신분상으로는 기사 아래였지만 경제력과 지역 영향력 면에서는 결코 무시할 수 없는 존재였다.

자유민

중세의 자유는 오늘날의 의미와 달랐다. 농노처럼 땅에 묶여 있지 않고 거주 이전과 재판 받을 권리를 가졌지만 그 대가로 '무장 조례'Assize of Arms에 따른 군역과 세금 의무에서 벗어날 수 없었다. 토지를 소유하거나 임대한 대가로 필요 시 무장해 소집에 응해야 했으며, 영주와 공동체의 압박에서 이를 거부하기는 쉽지 않았다.

장비는 어디서 구했을까?

병사들의 무기는 개인이 준비해야 했다. 자유민은 자신의 재산 수준에 맞는 무기를 갖출 의무가 있었으며 창이나 활, 간단한 방어구는 직접 마련하거나 마을 장인을 통해 사비로 조달했다. 즉, 장원의 병력은 통일된 군대라기보다 각자 다른 장비를 들고 모인 수준과 편차가 큰 집단에 가까웠다.

장궁병

긴 활을 사용하는 영국의 대표 궁병으로 오랜 기간 전장의 핵심 화력으로 활약했다. 활쏘기는 어릴 시절부터 반복적인 훈련이 필요했기에 숙련된 장궁병은 단기간에 양성되기 어려웠다. 높은 관통력과 빠른 연사 속도를 갖췄으며, 대규모로 운용될 경우 기사와 중무장 병력에게도 위협적인 존재였다.

오늘날 대중매체에서는 등에 가죽 화살통을 메는 모습이 흔하지만 실제 장궁병은 화살깃이 젖거나 손상되는 것을 극도로 경계했다. 그래서 24개의 구멍이 뚫린 가죽판(스페이서spacer)을 천 주머니와 결합해 화살을 보호했다. 우리에게 익숙한 '완성형 장궁병'의 모습은 14~15세기에 확립된 것이며, 13세기는 이러한 전술이 자리 잡아가던 과도기였다.

물론 이 봉토의 면적은 중세시대의 기사 한 명이 경제 기반을 갖추고 균역을 운행하기 위한 정량적인 기준은 아니었습니다. 당연히 몇 에이커로 고정된 규격이 아니었고 지역과 토지 사정에 따라 크게 달랐습니다.

당시 봉건사회에서 영주가 봉신에게 내리는 토지는 면적이 아니라 수입과 생산성을 기준으로 정해졌습니다. 이는 서울은 강원도보다 훨씬 작지만 세금 수입을 기준으로 보면 규모가 완전히 달라지는 것과 같은 이치로 이해하면 쉽습니다.

어쨌든 로렌스 경의 영지는 전체 인구 150명이 자급자족할 수 있는 최소한의 생산 기반을 갖춘 규모였습니다. 오늘날로 비유하면 소규모 제조업과 농업을 동시에 운영하는 중소기업 경영자에 가까운 위치라고 볼 수 있겠네요.

로렌스 경의 영지에서는 대부분의 주민이 농사를 지으며 생활했습니다. 이 시대의 먹고사는 기반은 당연히 농업이었으니까요. 하지만 농민만으로 사회가 돌아간 것은 아니었습니다. 영지를 제대로 운영하려면 꼭 필요한 전문 직업들이 있었죠. 대장장이는 무기와 농기구를 만들고, 목수는 건물을 세우며, 직물공은 양모를 가공해 옷을 생산했습니다. 보통 작은 영지에서는 이런 전문 인력들이 정규직으로 매일 출근하는 형태보다는 겸업 장인이거나 인근에서 순회 장인을 불러 쓰는 경우가 많았습니다.

하지만 로렌스 경의 영지에는 사냥꾼은 없었습니다. 영지의 규모가 충분히 크지 않았던 것도 이유지만 무엇보다 중요한 점은 중세 유럽에서 사냥은 단순한 생계 활동이 아니라 지배권과 직결된 특권이었기 때문입니다. 오늘날로 비유하면 전용 골프장이나 개인 비행장을 소유하는 것과 비슷한 성격의 권리였습니다. 누구나 이용할 수 있는 시설이 아니라 지위와

솥을
뺏기진 않겠죠?

농노 ●
노예와 자유민 사이에 위치한 독특한 계층으로 '땅에 묶인 존재'였다. 영주에게 노동력과 각종 세금을 바치는 대가로 장원 내 거주와 경작을 허락받았으며, 명목상 영주의 보호 아래 놓여 있었다. 자유민과 달리 거주 이전의 자유가 없고 군사적 의무 대신 토지 노동의 부담을 짊어졌다. 이는 자신의 노동력을 저당 잡힌 채 살았음을 의미한다.

농노는 수확물의 일부를 영주에게 바치는 것은 물론 영주의 직영지에서 주 2~3일 무보수로 일하는 정기 부역을 수행했다. 특히 결혼 시 납부하는 결혼세, 집안의 주인이 사망 시 가장 좋은 가축이나 물건을 바치는 사망세 등 생애 전반을 관통하는 세금 체계는 농노가 잉여 자본을 축적하거나 삶을 개선할 여지를 철저히 제한했다.

금속 솥은 숙련된 대장장이의 기술이 필 ●
요한 고가의 장비였다. 유언장에 기록될 만큼 귀한 가문의 보물이었으며 세대를 거쳐 물려받는 경우도 많았다. 반면 가난한 농가에서는 값이 덜 드는 토기 냄비가 현실적인 선택이었다. 이 솥에는 곡물과 채소를 넣어 하루 종일 끓인 걸쭉한 스튜 '포타주'pottage가 담겨 있는데, 이는 농노의 주된 식사이자 식량을 오래 보존하기 위한 살균 방식이기도 했다.

왜 맨발이었을까? ●

중세 사회에서 신발은 오늘날처럼 흔한 생활용품이 아니라 가죽과 노동력이 필요한 귀한 소모품이었다. 그래서 가난한 농민에게 신발은 늘 부족했고, 집 안이나 밭일을 할 때 맨발로 지내는 경우가 많았다. 반면 장거리 이동이나 추운 계절, 혹은 장터와 교회처럼 격식을 갖춰야 하는 자리에서는 신발을 아껴 신었을 가능성이 크다.

왜 가축과 함께 살았을까?

중세의 농가에서 가축은 가장 중요한 재산이었다. 특히 소는 매우 값비싼 자산이어서 농노 개인이 소유하기 어려웠다. 많은 농가에서는 집 안이나 인접한 공간에 낮은 울타리나 도랑으로 구역을 나눠 닭, 돼지, 양, 소와 함께 생활했다. 사람과 가축이 같은 공기를 나누며 한 공간에 머무는 모습은 가난한 농민에게 일상적인 풍경이었다.

가축과의 동거는 실용적인 측면도 있었다. 단열이 빈약했던 환경에서 가축의 체온은 실내 온기를 보태 주었고 찬바람이 스며드는 쪽에 가축을 두면 방풍에 도움이 됐다.

권력을 가진 사람만이 독점적으로 사용할 수 있는 공간이었던 거죠. 따라서 봉토 기사에 불과한 로렌스 경이 독자적인 사냥터를 운영하는 것은 일반적인 상황이 아니었습니다.

필요할 경우 상위 영주의 특별 허가를 받아 제한적으로 사냥을 하거나 소규모 덫과 포획을 통해 보충 식량을 얻는 정도가 현실적인 범위였죠. 이 영지에서 식량의 중심은 어디까지나 농업이고 고기는 귀했기에 일상적인 자원은 아니었습니다.

이러한 상황에서 영지 경제의 핵심 역할을 한 것은 방앗간입니다. 로렌스 경의 영지에는 방앗간이 있었지만 소유자는 그가 아니었습니다. 방앗간의 주인은 상위 영주였고, 로렌스 경은 운영을 위임받아 관리하고 있었죠. 이는 그가 영주로부터 상당한 신뢰를 받고 있다는 의미였습니다. 당시 방앗간은 단순히 곡물을 갈아 주는 시설이 아니라 영지 경제를 움직이는 핵심 권력이었기 때문입니다. 곡식을 밀가루로 만들 수 있는 시설이 사실상 하나뿐이었기 때문에 농민들은 반드시 이곳을 이용해야 했습니다. 방앗간 기능을 독점함으로써 영주는 안정적인 수익을 확보할 수 있었습니다. 개인이 따로 손맷돌을 만들어 사용하는 일은 제한되거나 단속되기 쉬웠고 많은 지역 주민들은 곡식을 빻을 때면 사실상 방앗간 이용을 강제받았습니다.

물론 이용료도 있었습니다. 보통은 곡물의 일정 비율을 수수료로 지불했는데 지역에 따라 차이가 있었지만 몇 퍼센트에서 많게는 10퍼센트 안팎까지 부담하는 경우가 흔했습니다. 하지만 비용 정산은 여기서 끝나지 않았습니다. 방앗간지기의 의도적인 계량 손실, 보관비, 운반비 등 여러 명목이 더해지면서 실제로 더 많은 몫이 빠져나가는 일도 적지 않았습니다. 심지어 곡물을 먼저 갈아 주는 순서까지 결정하는 권력을 행사하기도 했죠. 그래서 중세 유럽의 방앗간지기는 영지민들의 원성을 한 몸에 받았다고 전해집니다.

로렌스 경의 삶을 한 마디로 설명하면 이렇습니다. 임직원과 그 가족을 포함한 150명 규

▲ **크레티앵 드 트루아**Chrétien de Troyes**의 기사 문학 《에렉과 에니드》**Erec et Enide **필사본** | 아서 왕이 흰 사슴을 추격하는 장면을 묘사한 필사본으로, 사냥은 단순한 생계 활동이 아니라 귀족의 권위와 질서를 드러내는 행위였다.

모의 지방 군소기업 대표. 경비팀 다섯 명을 유지해야 하고, 시설이 고장 나면 직접 해결해야 하며, 매년 세금도 꼬박꼬박 내야 했습니다. 직원들끼리 싸움이 나면 판결도 내려야 했고 특수한 이벤트로 가끔씩 밖으로 나가 전쟁을 치러야 했죠.

오늘날의 판타지 영화나 게임에서 묘사되는 화려한 기사들의 삶과는 달리 시설 관리와 인력 운영에 시달리는 자영업자에 더 가까웠습니다. 검을 휘두르는 시간보다 장부를 들여다보는 시간이 훨씬 길었으니까요. 이것이 바로 중세 봉토 기사의 현실이었습니다.

죽지 않으려면
돈을 써라!

: 일본 전국시대 다이묘의 생존 법칙

배경 연도

1467년 오닌의 난~1615년 오사카 여름 전투

압도적인 자본력이
곧 권력이 되던 시대,
전국시대는 냉혹했습니다.

———

일본 전국시대는 15세기 중반부터 16세기 후반까지 약 150년간 이어진 내전 시기입니다. 이 시기를 지배한 원칙은 오직 하나, '바로 죽이지 않으면 내가 죽는다'라는 것이었죠. 일본의 통치 세력이었던 무로마치 막부室町幕府의 쇼군은 1467년에 발발한 '오닌의 난'応仁の乱 이후 지방 무장 세력을 제어할 힘을 잃으면서 이름뿐인 존재로 전락했고 권력의 공백을 틈타 각지의 세력들이 칼과 창을 들고 일어섰습니다.

부모와 자식, 주군과 가신, 심지어 형제마저 서로를 신뢰할 수 없던 시대. 동맹은 하루아침에 깨졌고 충성은 허울뿐인 명분 아래 배반당하던 시기였습니다. 무력만이 통치의 조건인 세상이 도래한 것입니다. 어째서 이런 혼란이 시작되었을까요?

가장 직접적인 계기는 앞서 언급한 오닌의 난이었습니다. 겉으로는 쇼군(일본 무사 정권의 최고 권력자)의 후계자를 둘러싼 정치적 내전이었지만 전쟁은 곧 일본 전역으로 확산되었고 그 과정에서 막부의 통제력이 급속히 붕괴합니다. 그 틈에 지방 세력들이 독립적인 통치권을 주장하면서 '전국 다이묘'戦国大名(센고쿠 다이묘)들이 탄생했습니다.

▲ **슈고 다이묘들의 반란** | 1467~1477년에 일어난 '오닌의 난'을 묘사한 장면. 쇼군의 후계자 문제와 슈고 다이묘를 비롯한 유력 무가 세력 간의 권력 투쟁으로 인해 발생했다. 이 내전으로 인해 교토는 거의 폐허가 되었으며 전국시대의 시발점이 되었다.

전국 다이묘의 잔혹한 생존 공식

전국의 다이묘란 무엇일까요? 이들을 이해하려면 먼저 슈고 다이묘守護大名에 대해 알아야 합니다. 슈고 다이묘는 막부가 정식으로 임명한 지방 통치관이자 공식 관료였습니다. 쉽게 설명하면 오늘날 본사에서 파견 나온 지점장과 비슷한 위치였다고 볼 수 있습니다.

초기 슈고 다이묘의 역할은 치안 유지와 조세 관리 정도였지만 점차 무력과 토지의 통제권을 쥐고 지역 영주화됩니다. 그럼에도 권력의 기반은 막부의 인사권에 예속되어 있었으며 이들의 권위는 결국 쇼군이 부여한 것이었습니다.

하지만 1467년 오닌의 난을 계기로 쇼군의 권위가 급격하게 붕괴됩니다. 이 전례 없던 사건에 의해 많은 슈고 다이묘들이 가신에게 배신을 당해 멸망하는 사태가 속출합니다. 한편 본래 슈고 다이묘였던 가문 역시 스스로 독립해 막부와 완전히 상관없는 독립 국가급 영토를 통치하게 되는 사례도 나타나죠.

이렇게 등장한 존재가 바로 '전국 다이묘'라고 불리는 무력 기반의 완전 자치 영주입니다. 이들은 스스로 토지세를 걷고 병사를 키우며, 법령을 만들어 자체적으로 영지를 운영했습니다. 하극상의 시대가 도래한 것입니다. 슈고 다이묘가 회사에서 파견 나온 지점장이라면 전국 다이묘는 지점장을 그만두고 독립한 자영업자 군벌이라고 비유할 수 있습니다.

전쟁을 하려면 돈이 필요합니다. 그렇다면 전국 다이묘의 주요 수입원은 무엇이었을까요? 핵심은 농민에게 거두는 연공年貢이었습니다. 세금은 곡물로 받는 것이 일반적이었고 수확량은 석고石高(토지 크기가 아닌 쌀 생산량 기준) 단위로 계산했습니다. 쌀 한 석은 약 150킬로그램 정도로 이는 성인 남성 한 명이 1년 동안 먹을 수 있는 양에 해당합니다.

다이묘들은 영지의 농민들을 철저히 관리하고 토지조사(검지檢地)를 통해 정확한 수확량을 파악했습니다. 그리고 농민들이 굶어 죽지 않을 만큼 최소한의 몫만 남기고 나머지는 가능한 한 세금으로 거두는 것이 통치의 기본이었습니다. 그만큼 쌀 생산력과 농민은 다이묘에게 가장 중요한 자산이자 병력 유지의 재원이었죠.

핵심 수입원 '쌀이 곧 국력이다!'

항목	내용	설명
기본 단위	석고	수확량을 나타내는 척도
1석石의 가치	약 150kg	성인 남성 1명의 1년치 식량
관리 방법	토지 조사	생산량을 정확히 파악해 조세 누수 방지
징수 원칙	가혹한 생존 수탈	농민이 굶어 죽지 않을 정도만 남기고 전부 징수

* **전국시대 토성 구조:** 후대의 오사카성처럼 석벽과 천수각 중심으로 한 화려한 성곽과 달리 흙을 깎고 쌓아 방어선을 구축한 토목형 성곽에 가까웠다.

이랑형 세로 해자군畝狀竪堀群
밭이랑처럼 세로로 촘촘히 파놓은 해자. 비탈을 타고 올라오는 적군이 가로로 우회하려 할 때 세로 해자에 걸려 이동로가 끊기도록 설계했다. 이랑 사이에 갇힌 병력은 궁수와 조총병에게 사냥하기 쉬운 먹잇감이었다

토루土壘
성곽 주변에 흙을 쌓아 만든 방벽. 적의 공격을 막고 아군의 몸을 보호하는 역할을 한다.

곡륜曲輪
성 내부를 성벽(토루·석벽)이나 해자로 구획한 독립된 방어 공간. 다이묘의 거처(산 정상보다 산기슭의 평지 '네고야'根小屋에 있는 경우가 많았다), 군사적 거점, 가신의 주둔지, 창고 등으로 활용됐다. 성 전체를 여러 개의 곡륜으로 겹겹이 배치해 적의 진입을 단계적으로 막는 '지연 방어' 구조였다.

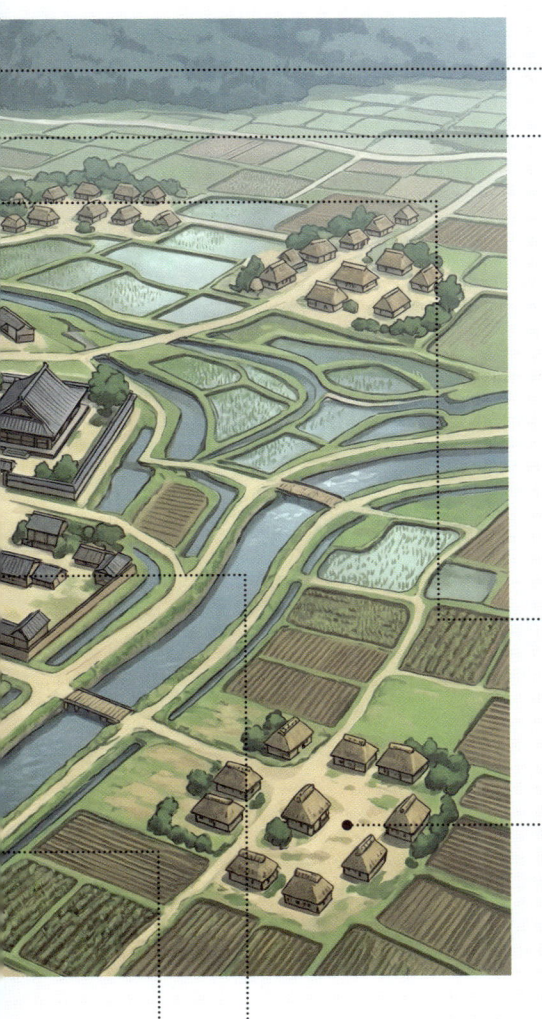

● **혼마루**本丸
성의 중심부에 놓인 핵심 곡륜으로 전시에는 지휘소이자 최후의 방어 거점이 됐다. 건물 역시 일상적인 생활 공간이라기보다 군사 기능을 우선한 실용적 시설에 가까웠다.

● **야구라다이**櫓台
망루를 세우기 위해 흙을 높이 쌓은 대. 시야 확보와 고지에서의 공격을 위해 설계됐다.

● **망루(야구라**櫓**)**
성벽이나 성 내부에 설치된 목조 구조물로 감시와 전투용이었다.

● **농가와 농경지**
다이묘의 재정은 농업 생산에 크게 의존했으며 농가와 농경지는 군사력과 직결되는 핵심 기반이었다.

● **조카마치**城下町
성 아래에 형성된 마을로 정과 군사 기능을 뒷받침하기 위해 무사, 상인, 장인, 사찰 등이 모여 살았다. 다이묘의 직속 가신들은 신분과 역할에 따라 성 가까운 곳부터 바깥쪽으로 배치했는데 이는 호위, 방어, 통제를 고려한 구조였다. 도로를 굽게 내고 구획을 나누는 등 방어와 통제를 염두에 두고 계획적으로 조성했다.

● **해자**堀
물이 찬 해자뿐 아니라 빈 해空堀도 많았다. 산성에서는 경사면을 따라 파는 세로 해자竪堀와 능선을 끊는 호리키리堀切가 중요한 방어 장치였다. 해자를 파낸 흙으로 토루를 쌓아 방어력을 높였고 적이 해자에 빠지면 위에서 공격하기 유리했다.

1만 석 규모의 영지를 보유한 다이묘는 대체로 약 250명의 병력을 유지할 수 있었다고 전해집니다. 이를 기준으로 계산하면 병사 한 명을 유지하기 위해서는 약 40석 정도의 생산량이 필요했던 셈입니다. 이 수치는 해당 지역 전체 성인 인구 가운데 약 1~2.5퍼센트가 군사로 동원되었음을 의미합니다. 물론 지역 여건이나 전시 상황인지 평화시기인지에 따라 실제 비율은 달라질 수 있다는 점을 감안해야 합니다.

병력 유지 사항

구분	통계 및 수치	계산 공식 및 특징
기본 동원력	1만 석당 약 250명	영지 규모에 따른 군사 동원 기준
병사 1인 유지비	약 40석	식량, 무기, 보급 등을 포함한 비용
인구 대비 동원율	1~2.5퍼센트	성인 인구 중 실제 군사로 차출되는 비율
변동 요인	지역, 시기, 전시 여부	전시에는 평시보다 더 가혹하게 동원

사실 전국시대 다이묘의 수입 구조는 지역마다 상당한 차이를 보였습니다. 농업이 경제의 중심이었지만 그것만으로 영지를 운영하기는 어려웠기 때문입니다. 어떤 다이묘는 비옥한 평야를 기반으로 강한 경제력을 갖춘 반면 그렇지 못한 다이묘도 적지 않았습니다. 농사를 짓기에 적합하지 않은 지역의 다이묘들은 대신 항구와 해상무역을 중심으로 재원을 확보하기도 했죠.

또한 고부가가치를 창출하는 광산을 장악한 다이묘도 존재했으며, 어떤 다이묘들은 약탈과 노예 매매를 주요 재원으로 삼기도 했습니다. 특히 전투 이후 붙잡은 포로나 점령지의 주민을 노예로 팔아넘기는 일은 비교

* 남만인: 서양 세력을 뜻하며 이들과의 관계는 조총·화약 수입과 직결됐다.

기리시탄 Kirishitan, 吉利支丹

'크리스천'의 포르투갈어 발음에서 유래한 용어로 16세기 중반 이후 일본에 전래된 가톨릭 신자를 가리킨다. 1549년 예수회 선교사 프란치스코 하비에르의 일본 도착을 계기로 규슈 지역을 중심으로 빠르게 확산됐으며, 일부 다이묘와 상인 계층의 후원을 받으며 세력을 넓혀갔다. 실제로 가톨릭 신앙을 받아들인 '기리시탄 다이묘'도 있었지만, 많은 다이묘들은 포르투갈과의 남만무역을 유리하게 이끌기 위해 전략적으로 개종하거나 포교를 허용했다.

그러나 16세기 후반에 이르러 가톨릭 세력은 기존 봉건 질서와 충돌하며 정치적·군사적 위협으로 인식됐고 결국 탄압과 처형, 즉 순교 대상이 됐다.

노예 매매

전국시대는 전쟁과 약탈이 일상화된 혼란기였고, 그 과정에서 포로와 민간인이 인신 매매의 대상이 되는 일이 빈번했다. 특히 규슈 지역에서는 포르투갈 상인 '남만인'과의 교역에서 일본인 포로가 해외로 팔려 나갔으며, 그 행선지는 마카오·말라카·고아 같은 포르투갈의 아시아 거점부터 리스본에 이르기까지 광범위했다. 1587년 도요토미 히데요시가 이를 강하게 문제 삼았고 일본인 노예 매매 금지와 선교사 추방령을 내리는 중요한 계기가 됐다.

왜구

13~16세기에 걸쳐 한반도와 중국 연안을 약탈한 해상 무장 집단. 초기에는 주로 일본인으로 구성됐지만 후기로 갈수록 중국인 등 다양한 세력이 뒤섞인 다국적 집단으로 변했다. 특히 중앙 정부의 통제가 약했던 전국시대에는 일부 영주가 왜구를 배후에서 지원해 경제적 이익을 얻거나 이들의 항해술과 해상 전투력을 수군 전력으로 활용하기도 했다.

사무라이
전국시대에 접어들며 전투 규모가 커지자 사무라이의 역할도 달라졌다. 일부는 최전선에서 싸웠지만 주로 아시가루 부대를 지휘하고 전열을 유지하는 전술 지휘관 역할을 수행했다.

사시모노指物
병사가 등 뒤에 꽂은 깃발은 사시모노로 가문의 문장이나 부대 표식을 새겨 누가 어느 소속인지 보여 주는 이름표이자, 지휘관이 병력의 위치를 읽는 표식이었다.

타케타바竹束(대나무 방패)
여러 겹의 대나무를 단단히 묶어 만든 방어 장비로 화살과 일부 조총 탄환의 충격을 흡수·완화했다. 제작이 간단하고 운반이 쉬워 치열한 전투 중에도 단시간에 임시 방어선을 구축할 수 있었고 이를 이용한 엄폐 전진도 가능했다. 또한 조총 부대가 재장전하는 동안 방호 수단으로 중요하게 활용했다.

● **나가에야리**長柄槍(장창)
전국시대 중기 이후 보병 집단이 밀집 대
형 중심으로 변화하면서 창의 운용 방식
은 단순한 찌르기를 넘어 다양하게 확장
됐다. 전열에서는 4.5~6미터에 이르는
장창으로 위에서 내려쳐叩き, tataki 적의
투구와 갑옷에 충격을 가하는 동시에 적
의 창끝을 눌러 전열을 붕괴시키는 집단
압박 전술이 발달했다.

● **츠부테**飛礫(돌팔매질)
동서고금을 막론하고 널리 사용된 원거
리 타격 전술이다. 기록에 따르면 조총 도
입 이전까지 돌팔매질에 의한 부상과 사
망률은 화살과 맞먹거나 일부 사례에서
는 이를 웃돌기도 했다. 특히 해안 상륙을
저지하거나 수성전에서 저비용 고효율의
투사 병기로 활용했다.

● **아시가루**足軽
전장의 주력을 이루며 전쟁의 양상을 바
꾼 보병 집단이다. 초기에는 임시로 동원
된 하급 동원 병력에 가까웠지만 점차 전
문적인 상비군으로 발전했다. 이들은 다
이묘가 지급한 표준화된 장비를 갖추고
병농분리兵農分離를 통해 상시 전투가 가
능한 군사 조직의 핵심으로 자리 잡았다.
전국시대 최후의 최고 권력자로 알려진 도
요토미 히데요시도 아시가루 출신이었다.

● 전국시대 전장에서는 조총(철포)과 다른 무기
를 병용했다. 조총이 전래된 이후에도 궁수는
사라지지 않았다. 조총은 강한 관통력과 살상력
을 지녔지만 화승 관리와 재장전에 시간이 오래
걸려 연속 사격에 한계가 있었다. 반면 궁수는
빠른 발사 속도와 높은 기동성을 바탕으로 지속
적인 압박과 유연한 대응이 가능했다.
이 때문에 실제 전장에서는 조총으로 일제히 사
격해 충격을 가하고 궁수와 창병이 이를 보완하
는 방식으로 조총, 궁수, 창병이 역할을 나눠 다
층적 전술을 펼쳤다.

적 흔한 관행이었습니다. 규슈 지역의 몇몇 다이묘는 포르투갈 상인들과 거래해 일본인 포로를 해외에 노예로 수출했다는 기록도 남아 있습니다.

다이묘의 수입 구조

수입원 유형	주요 전략과 특징	관련 지역과 사례
무역	항구를 장악해 해상 관세, 해외 물품 독점	규슈 지역의 다이묘, 오다 노부나가(사카이 항구)
광산	금, 은 등 고부가가치 자원 채굴, 화폐 주조	다케다 가문(금광), 모리 가문(은광)
약탈	전쟁 승리 후 전리품 획득, 적지 점령	전국시대 보편적 현상
인신매매	포로나 주민을 노예로 판매 (해외 수출 포함)	규슈 지역의 다이묘, 포르투갈 상인

천하를 얻기 위한 진짜 무기 '재력'

전국시대를 설명할 때 조총(일본어서 '뎃포'鉄砲라 불렸으며 '철포'를 뜻함)의 전래를 빼놓을 수 없습니다. 일본의 전통적인 전쟁 무기는 활과 창 중심이었지만 1543년 포르투갈 상인을 통해 조총이 전해지면서 전쟁의 양상이 근본적으로 바뀌게 됩니다.

조총의 강력한 관통력과 살상력은 중무장한 사무라이의 갑옷과 투구 정도는 쉽게 관통했고 화살보다 직접 피해가 훨씬 컸습니다. 또한 화약이 터질 때 발생하는 폭음과 연기는 상대에게 압도적인 공포와 심리적인 압박을 가했습니다. 무엇보다 활은 숙련된 궁수가 되기까지 수년간의 훈련이 필요했지만 조총은 비교적 단기간의 훈련만으로 실전에 투입할 수 있었습니다. 전투력이 떨어지는 병사라도 곧바로 조총병으로 편성할 수 있었고 이는 병력 동원 효율의 비약적 상승을 의미했습니다. 결과적으로 대규모 병력 운용이 가능해졌다는 의미가 됩니다.

그러나 조총은 당시 기준으로 매우 고가의 무기였기 때문에 이를 안정적으로 운용하려면 막대한 재원이 필수였죠. 경우에 따라서는 조총 확보를 위해 영지의 기독교 개종을 고려하는 편이 유리하기도 했습니다. 실제로 당시 여러 다이묘가 조총을 안정적으로 확보하기 위해 주저 없이 영지를 기독교로 개종했습니다. 이는 신앙의 순수성을 추구한 결과라기보다는 군사적 우위를 확보하려는 실리적·전략적 판단에 가까웠죠. 물론 실리 추구를 넘어 진심으로 기독교 교리에 감화되어 개종한 다이묘와 사무라이도 적지 않았습니다.

결국 전국시대는 무력이 질서를 규정했고 그 무력을 유지하기 위해 반드시 경제력이 뒷받침되어야 했습니다. 누가 더 많은 쌀을 거두고, 더 많은 조총을 확보하며, 더 오래 병사를 먹일 수 있는가? 모든 권력의 원천은 칼이 아니라 그 칼을 계속 들 수 있게 만드는 재정에 있었습니다.

돈이 무기를 사들였고, 무기가 목을 베었으며, 목을 벤 자가 땅을 차지해 나라를 세웠습니다. 모든 문제는 결국 돈으로 귀결됩니다. 모두를 죽이고 나면 비로소 자신의 세상이 오는 법이었죠.

참혹한 전장에 날아오른
살아 있는 DM

: 제1차 세계대전의 비둘기 통신

배경 연도

1914~1918년 제1차 세계대전

오늘날 '안읽씹'은 거절이지만
제1차 세계대전 중에는
죽음을 의미했습니다.

―

여러분은 SNS에서 누군가에게 다이렉트 메시지direct message, DM를 보낼 때 무엇이 가장 두려운가요? 아마 대부분 비슷한 생각을 떠올릴 겁니다. 읽씹, 차단, 혹은 '이미 삭제된 메시지입니다'라는 문구. 상대가 내가 보낸 DM을 읽었는지 안 읽었는지, 답장이 얼마나 빨리 오는지… 그 사소한 신호에 따라 하루의 기분이 달라지죠.

그러나 지금으로부터 약 100년 전 제1차 세계대전의 참호 속 병사들에게 DM 전송 실패는 '마음이 찢어지는 일'이 아니라 '몸이 산산이 부서지는 일'에 가까웠습니다. 오늘날 우리가 DM에 기대하는 것이 '관계'라면 당시 병사들이 DM에 걸었던 건 생명, 즉 '제발 지원을 보내 달라'는 절박한 요청이었죠. 병사들에게 '읽음' 표시의 기준은 단 하나, 메시지를 전달한 비둘기가 살아서 무사히 본부에 도착하느냐 여부뿐이었습니다.

세상에 비둘기라니?! 기관총과 탱크, 체펠린 비행선이 하늘을 뒤덮던 현대전의 한복판에서 병사들의 생사를 건 마지막 희망의 메시지는 아이러니하게도 알루미늄 캡슐에 담겨 깃털 달린 생명체에 의해 전달되었습니다.

최첨단 무선기도 포기했다? 통신병이 된 비둘기

제1차 세계대전은 이미 전신과 무선기 통신이 도입된 현대전이었습니다. 현대적인 통신망이 있는데도 어째서 군대는 비둘기에 의존했을까요? 참호전의 현실은 현대의 모든 통신망을 무력화했기 때문이죠. 포탄이 떨어질 때마다 전화선은 끊어졌고 무선기는 잡음과 방해 전파로 마비되었으며, 지휘소가 이동하거나 포위되는 순간 통신망 전체가 붕괴되었습니다. 결국 병사들이 생사의 갈림길에서 의지할 수 있었던 것은 기계도 전파도 아닌 하늘로 날아올라 메시지를 전달할 수 있는 비둘기였습니다.

그들이 사용한 비둘기의 정식 명칭은 '전서구'傳書鳩. '글을 전달하는 비둘기'라는 뜻으로 전서구가 통신 수단으로 활용될 수 있었던 핵심·원리는 '귀소본능'입니다. 어디에 놓이더라도 결국 자신의 둥지로 돌아오는 생물학적 본능 말입니다. 중요한 점은 전서구가 '메시지를 보낸 사람이 지정한 목적지'로 날아가는 것이 아니라 항상 자신이 속한 본부, 즉 자신의 집으로 돌아간다는 사실입니다.

전서구의 평균 전달 성공률은 약 85~90퍼센트로 비교적 안전한 지역에서 비둘기 열 마리를 날리면 한두 마리는 도착하지 못하는 것이 일반적이었습니다. 그러나 격전지에서는 상황이 급격히 달라져 절반 이상이 본부에 도달하지 못하는 사례도 자주 발생했죠. 이처럼 전서구는 어디에 있어도 집을 찾아가는 놀라운 능력을 지녔지만 완벽한 통신 수단은 아니었습니다.

▲ 1943~1944년 제2차 세계대전 당시 촬영된 사진으로 영국 공군 비행대 승무원들이 비둘기가 들어 있는 운반통을 다루고 있다.

▲ 비둘기들을 돌보는 담당 공군 병사가 비둘기에게 먹이를 주는 모습.

▲ 영국 해군 항공대 동부 전선 소속 비둘기 사육장의 내부 모습.

▲ 1914~1918년 제1차 세계대전 당시 촬영된 사진으로 영국 수상 비행기 조종사가 비둘기를 날려 보내고 있다.

영국군 왕립 공병대(RE, Royal Engineers)
제1차 세계대전 당시 영국군의 공병 부대. 참호 구축과 철조망 설치, 교량 가설, 폭파, 통신선 운용 등 전투 환경을 조성하는 기술 병력이었다. 전화선 복구, 진격로 개척, 장애물 폭파 등 임무를 맡았다. 전서구 운용 역시 이들의 역할이었다. 전쟁이 장기화되면서 통신의 중요성이 커지자 관련 임무는 점차 별도의 통신 부대로 분화되었고, 전후에는 독립된 신호 부대의 탄생으로 이어졌다.

마크 II 전차(Mark II Tank)
제1차 세계대전에 투입된 영국군의 초기형 전차로 참호 돌파를 위해 설계된 마름모꼴 형태가 특징이다. 강철로 덮여 있지만 내부는 결코 안전하지 않았다. 엔진 열기와 매연이 그대로 차 안에 쌓였고, 대화가 불가능할 정도로 소음이 심했다. 환기가 거의 되지 않아 승무원들은 종종 질식 직전 상태에서 임무를 수행해야 했다. 장갑 역시 소총탄과 파편을 일부 막는 수준에 불과해 완전한 방호는 어려웠다. 느리고 고장이 잦았지만 철조망과 참호를 넘어 전진하는 모습만으로도 적군에게는 강한 공포를 주었다.

전서구
제1차 세계대전에서 사용된 통신 수단. 참호전 속에서 파괴되는 전화선과 불안정한 무선을 대신해 비둘기로 최전선과 후방을 연결했다. 작은 캡슐에 넣은 메시지를 다리에 묶어 날려 보냈으며, 포격과 혼란 속에서도 비교적 높은 확률로 목적지에 도달했다.

메시지를 싣고 죽음의 하늘을 건넌 비둘기들

전쟁 중에 전서구가 메시지 전달에 실패하는 주요 원인은 무엇이었을까요? 전쟁터의 하늘은 단순한 공간이 아니라 인간과 기계, 자연과 화학이 동시에 충돌하는 또 하나의 전장이었기 때문입니다.

첫째, 포탄과 총격입니다. 비둘기는 금속이 아니죠. 지상에서 튀어 오르는 포탄의 파편과 비둘기를 노리는 탄환이 사방에서 빗발치는 하늘을 통과해야 했습니다. 적군도 전서구의 전략적 가치를 잘 알았기 때문에 비둘기를 겨냥한 사격에 집중했죠.

둘째, 독가스입니다. 비둘기는 방향 감각을 태양, 지자기(자기장), 후각 등 복합적인 감각 체계로 인식합니다. 그러나 폭우, 안개, 화염, 연기 같은 환경 요인은 비둘기 시야와 후각을 막았고 그 결과 길을 잃는 경우가 빈번했습니다.

제1차 세계대전은 '포탄의 전쟁'이자 '독가스의 전쟁'이었습니다. 염소가스와 겨자가스가 참호를 뒤덮으며 땅과 하늘까지 오염시켰고 전서구들은 비행 도중 가스를 흡입해 호흡 능력을 잃거나 방향 감각을 상실한 채 추락하곤 했습니다. 비둘기의 폐는 인간보다 훨씬 민감하기 때문에 소량의 독성 물질만으로도 즉각적으로 비행이 불가능한 상태가 됩니다. 즉, 독가스는 병사들만 공격한 것이 아니라 전장의 '통신망' 자체를 공중에서 질식시키는 무기였습니다.

셋째, 맹금류의 위협입니다. 하늘에는 원래부터 비둘기의 천적이 존재했습니다. 참수리, 매, 독수리 같은 맹금류는 비둘기를 즉각적인 포식 대상으로 인식해 빠르게 낚아채죠. 특히 전서구의 군사적 가치에 주목한 독일군은 매와 독수리를 훈련시켜 전서구를 요격하는 전용 부대를 운용하기도 했습니다. 전서구는 자연의 포식자뿐만 아니라 전문적으로 군사 훈련을 받은 천적에게까지 쫓기며 전장의 하늘을 가로질러야 했던 것이죠.

이 때문에 전서구는 단독으로 보내지 않았습니다. 실패에 대비하기 위해 동일한 메시지를 여러 마리의 전서구 다리에 부착해 동시에 날려 보내는 것이 핵심 운용 방식이었죠. 비둘기는 본능적으로 서로 다른 고도와 경로로 비행하기 때문에 한 마리가 도달하지 못하더라도 다른 개체가 메시지를 전달할 가능성을 높이기 위한 전술적 조치였습니다.

"한 마리는 죽을 수 있다. 두 마리도 격추될 수 있다. 그러니 여
러 마리를 보내야 한다."

그렇게 병사들은 비둘기를 보내는 것이 아니라 확률을 하늘로 띄웠습니다. 비둘기가 살아서 도착하면 부대는 구원을 받고 도착하지 못하면 역사에 한 줄도 남기지 못한 채 그 자리에서 사라졌죠.

100년이 지난 지금, 우리는 더 이상 비둘기를 보내지 않습니다. 대신 손끝으로 DM을 띄우고, 몇 초 만에 수백 수천 킬로미터의 거리를 넘어 전송하죠. 형태와 절박함만 다를 뿐 메시지가 닿기를 바라는 마음은 변하지 않았습니다. 하늘을 날던 전서구의 비행처럼 우리의 DM은 오늘도 어딘가로 날아가고 있습니다. 읽힐지 사라질지 아무도 모른 채로 말이죠.

순무의 계절(루타바가Rutabaga)
전쟁이 장기화되며 식량 사정이 악화되자
독일에서는 가축 사료로 쓰이던 루타바가
를 감자 대신 먹기 시작했다. 흔히 말하는
순무와는 다른 작물이지만 당시에는 '순
무'처럼 불리며 대용 식량의 상징이 됐다.
'순무의 겨울'이라 불릴 만큼 보급 상황이
악화되자 루타바가로 빵과 수프는 물론
커피와 소시지 대용품까지 만들었다.

독일군 병사
병사가 착용한 것은 전쟁 초기 화려한
스파이크 장식 투구 '피켈하우베'Pickel
haube가 아닌 전쟁 후기의 투박하고 실용
적인 강철 헬멧 '슈탈헬름'Stahlhelm이다.
초기에는 많은 젊은이들이 애국심과 낭만
에 이끌려 자발적으로 입대했지만 참호전
의 현실은 그 기대를 철저히 무너뜨렸다.
진흙과 포격, 끝없는 참호 생활과 소모전
속에서 영광은 오래 버티지 못했다.

하늘 위에서의 전투
일부 부대에서는 매나 독수리 같은 맹금
류를 훈련시켜 전서구를 공격하게 했다.
체계화된 전술이라기보다는 제한적이고
실험적인 시도였지만 실제로 전서구가 격
추되는 사례도 보고된 바 있다. 하늘 위에
서도 전쟁이 벌어지고 있었던 셈이다.